家校沟通，没有痛过你不会懂
——知名班主任梅洪建的心路历程

梅洪建 著

中国轻工业出版社

图书在版编目（CIP）数据

家校沟通，没有痛过你不会懂：知名班主任梅洪建的心路历程／梅洪建著. —北京：中国轻工业出版社，2017.2（2025.12重印）
ISBN 978-7-5019-8631-6

Ⅰ. ①家… Ⅱ. ①梅… Ⅲ. ①学校教育-合作-家庭教育-研究-中学 Ⅳ. ①G636

中国版本图书馆CIP数据核字（2016）第300020号

保留所有权利。未经中国轻工业出版社书面授权，任何人不得以任何方式（包括但不限于电子、机械、手工或其他尚未被发明或应用的技术手段）复印、拍照、扫描、录音、朗读、存储、发表本书中任何部分或本书全部内容（包括但不限于光盘、音频、视频等）。中国轻工业出版社未授权任何机构提供源自本书内容的电子文件阅览、收听或下载服务。如有此类非法行为，查实必究。

责任编辑：吴　红　王慧超　　　责任终审：杜文勇
策划编辑：吴　红　　　　　　　责任校对：吴维斌　　　责任监印：刘志颖

出版发行：中国轻工业出版社（北京鲁谷东街5号，邮编：100040）
印　　刷：三河市鑫金马印装有限公司
经　　销：各地新华书店
版　　次：2025年12月第1版第13次印刷
开　　本：710×1000　1/16　印张：12.5
字　　数：122千字
印　　数：31001—33000
书　　号：ISBN 978-7-5019-8631-6　定价：32.00元

读者热线：010-65181109
发行电话：010-85119832　010-85119912
网　　址：http://www.chlip.com.cn　http://www.wqedu.com
电子信箱：1012305542@qq.com
版权所有　侵权必究
如发现图书残缺请拨打读者热线联系调换
252061Y1C113ZBW

写书不是为了教导别人，著者并不是通过出书来告诉读者自己有多么的高高在上，抑或向读者炫耀自己的能力。写书其实只是为自己的一些经历与克服的苦难做一个证明，这是一种超越了旧的自己，而蜕变成新的自己的证明。它绝对不是为了自我满足，它只是为了将自己克服的苦难作为例子告诉周围的人，在鼓励其他人的同时，也衷心地希望自己的经历对于读者能够起到抛砖引玉的作用。

——尼采，《人性的，太人性的》

自序：尼采的目标，也是我的

> "我在书写的时候也有目标。我希望我的读者，通过这本书能够对生活充满热情与干劲儿。"
>
> ——尼采，《神圣的成长》

熟悉我的朋友都知道，我做过承诺，绝对不会在5年内出版同种类型的书。我的想法是，如果没有至少5年的积累，是无法写出真正有质量的作品的。我不想为出书而出书，更不想因出书而招来骂名。粗制滥造的作品，是对读者朋友的不负责，也是对自己的不负责。这个世界上还有比对自己不负责更愚蠢的事情吗？我虽不是智者，但也绝不想做蠢人。

虽然时隔还不到5年，但当"万千教育"约我写一本书，而且是一本关于家校沟通方面的书时，我丝毫没有拒绝。这不是违背自己的誓言，而是我所带的叫作郁歧班的点点滴滴虽时隔8年，却时时清晰地爬上心头。郁歧，本来的寓意是规避歧路，走向美好的充满清香而富有浪漫气息的田间小路，可结果却是一场败局，带给我无尽的痛苦。直到今天，我才有勇气剥开过去，悉数那个班的点点滴滴。

那年，我经历了常人无法想象的痛苦。我付出了很多，但最终败在了学生家长的手里，败在了雄心壮志之后的现实里。那些日子，我的大脑里充斥的全是被别人围攻的场景和被问责时的声调。每天我用忙碌迫使自己不去想，晚上就一直不停地看书，好让自己的大脑片刻不得安闲。因为一旦安闲了，那些场景就会一个个涌进来，如洪水猛兽。实在累得不行了，就闭上眼睛眯一会儿，醒来后继续各种忙碌。更重要的是，我必须微笑着面对妻女，因为无论多么痛苦，都不能将这种情绪带给自己的家人。

有时候特别羡慕一条鱼，因为它的记忆只有7秒；而人类不是，自然我也不是。如果可以忘记不快，便可以获得幸福；但我无法忘记。生活依然在继续，它不会因为你痛苦而同情你。我不是强者，但我知道我必须做生活的强者，因为我还有更多的责任。所以，我必须勇敢地面向未来。

有人说，未来在前方，而我却认为未来在过往。因为如果不能从过往中打捞出智慧，你往前走得越远，生活还会让你摔更多的跟头。所以，我选择了勇敢地活，只有勇敢，才能看到前面的路。

一直不敢剥开的那个口，其实就是家校沟通。

既然跌倒在家校沟通，那我必须从家校沟通中重新站起来。是的，站起来的过程，就是我不断思索的过程。这个过程的结晶，就是你看到的这本书。尼采说："写书不是为了教导别人，著者并不是通过出书来告诉读者自己有多么的高高在上，抑或向读者炫耀自己的能力。写书其实只是为自己的一些经历与克服的苦难做一个证明，这是一种超越了旧的自己，而蜕变成新的自己的证明。它绝对不是为了自我满足，它只是为了将自己克服的苦难作为例子告诉周围的人，在鼓励其他人的同时，也衷心地希望自己的经历对于读者能够起到抛砖引玉的作用。"我之所以接受"万千教育"的邀约，是因为我迫切地感受到，我必须将自己的思考写出来，因为揭开那段生活，我才能找到更好的路。

2016年5月20日，我去重庆参加一个全国性的学术会议，会议的主办方要求我针对家校沟通讲点东西。为了能够"讲点东西"，我在网络上查找了不少关于家校沟通的资料，也阅读了不少关于家校沟通的图书。或许我阅读得还是太少了，我没有找到多少真正有价值的东西，很多是大而广之地谈些看起来充满智慧，实则是耍小聪明的东西。例如，动辄谈建立现代化的沟通媒介，殊不知班主任在场的媒介中是听不到家长的真实声音的，因为没有一个家长会在有你的场合里谈对你的意见。

这种现实进一步坚定了我早点将自己的思考写出来的想法，而且越早越好，因为越早写出，就可以越早帮助朋友们走出一段困境（但愿不是我的一厢情愿）。于是，我利用4个月的时间，将自己的过往揭开，试图从中打捞出真正的沟通智慧。可以说，这本书里的每一个场景、每一段文字都曾经击中过我柔软的灵魂。我多么想忘记不快，可是写作的责任又迫使我一遍又一遍地直面过去。

为了更准确地点出家校沟通的关节所在，在写作过程中我采取了两班对

自序：尼采的目标，也是我的

比的方式。是的，两个班，一个是 8 年前带的郁歧班，一个是现在正在带的羽翾班。因为同样的事情，两个班都在做，为什么在一个班犹如"釜底游鱼"，而在另一个班却能够"如鱼得水"。得失之间的细微差别在哪里呢？正如两个班级都创建了 QQ 群，可是为什么在一个班级困难重重，而在另一个班级却一帆风顺？所以，真正的关于家校沟通的学问，或者说我应该呈现出来的不应该是是否创建 QQ 群的问题，而是剖析得失之间的关键点。这个关键点恐怕才是最有价值的东西，也是我愿意"解剖"自己呈现给读者的东西。

首先，呈现给朋友们的是两个基础性的点：班级定位和家委会。关于班级定位，如果不是对比两个班级的得失，我从来都不会认为它可以决定家长的情绪波动，都不会认为它是家校沟通的关键点之一。我知道很多朋友和我曾经做过同样的事情，也许也承受了很多的伤痛，但我们往往会归结为沟通艺术，而忽视了班级定位会让班级发展的线索变得很单一。是的，线索越单一，规避风险的能力就越低。当时我何曾知道，只是在回忆过往的时候，我才明白了这个道理。同样，一定也有不少朋友和我一样，将家委会的基调定为谁愿意奉献、谁有更多的闲暇时间为班级做事情。殊不知，家委会不应该是班级事务的简单支持者或者班级意向的简单传声筒，它更应该是班主任理念的理解者、支持者和传播者。

其次，为朋友们呈现的是家校沟通的经线和纬线。很多时候，教师给家长的是一幅美好的图景，以为有了图景就可以凝聚全体家长的心，就可以让大家一起奔向美好。殊不知，如果没有从此岸抵达彼岸的路径，图景和现实就不会产生任何关联。自然，家长和教师之间也很难产生真正的联通。经线，便是从现实抵达理想的路径。这个路径无关沟通技巧，关乎一个教师的带班理念。是的，关乎理念，所以我和朋友们分享了情感、班级生态和动力给予三条经线。情感经线，是三条经线的起点，有些朋友会把它误当作家校沟通的全部；班级生态，是带领一个班级从现实走向理想的最重要的手段；动力给予，是从现实走向理想的动力引擎。没有动力，再美好的图景都是难以实现的海市蜃楼。所以，这三条经线的结合，是班主任明晰的带班思路，更是和家长共同渡向美好彼岸的压舱石。

我们知道，理想再丰满，如果没有沿途的风景，也无法可持续地吸引别人和你一起走下去。家校沟通也一样，无论你的蓝图多么美好，无论你的路

III

家校沟通，没有痛过你不会懂

线规划得多么精彩，如果没有让家长看到孩子的进步，那么再多的美好都可能会在瞬间坍塌。如果说经线是从现实抵达理想的路径，那么纬线便是沿途的风景。因为，纬线可以弥合家校沟通的每一个缝隙。在本书中，我依次从言语传递、活动勾连和班级品牌打造三个层面，由浅入深，层层递进地与各位分享了自己的思考所得。

前述所有的内容都是一种宏观的构建。我也一度认为宏观做好了，微观自然就会好。可惜，我错了。痛定思痛才明白，宏观必然需要，微观亦不可缺少。所以在本书第九章，我利用整整六小节内容梳理出个体纬线，即微观沟通的几个要点。有人说，千里之堤毁于蚁穴，家校沟通，往往也是输在极个别的人身上，如我所带的郁歧班。所以，只有宏观和微观相结合，才能万无一失。

总之，经纬线的构建是全书的核心内容。你可以借此找到家校沟通的核心密码，也可以从我的剖析中发现带班的路径。

以上内容，我认为是家校沟通之"道"。我们可以一厢情愿地选择许许多多的沟通之"术"，而家长最终要看到的是班级的变化和孩子的成长。如果没有满足家长的"欲求"，那么"术"存何益？诚然，你是知道的，虽"道"是根基，"术"却可以锦上添花。所以，在本书的最后，我还是花了一些笔墨讲了不少"术"，以求让你的沟通工作锦上添花。

这便是本书的全部内容。

同样是尼采，他在《偶像的黄昏》中说："人生会经历苦难与不幸，与其因为痛苦而责怪自己的命运不佳，倒不如对给予我们苦难的人生满怀敬意。"写作此书的过程，是我再次成长的过程，更是我对过往充满敬意的过程。书写中的困难，不是让朋友们畏惧困难而畏葸不前，而是想让朋友们通过我的文字，对当下的教育更加充满热情，充满干劲儿。

尼采的目标，也是我的目标！

谨以此书作为向读者诸君的汇报，也作为自我蜕变的明证。

梅洪建

2016年9月1日于苏州

目 录

自序：尼采的目标，也是我的　　/ I

上篇　绝非弦外音

第一章　在对比中为你揭秘　　/3

负责任的沟通分享，绝对不是沟通平台、沟通艺术抑或沟通态度的简单介绍，而是从经历的痛苦中打捞智慧。剥开过往的痛苦，才能找到前行的路，所以，我愿意剥开自己的过往，让你看到前行的路。

第一节　不能不分享的美丽　　/3
第二节　我的痛你一定会懂　　/6
第三节　得意的前置性沟通　　/9
第四节　好评如潮的蜜月期　　/12

第二章　你不懂的家委会秘密　　/17

家委会是家校沟通的重要桥梁，几乎所有的班主任都会成立家委会，但并不是所有的家委会都带来了沟通的成功，个中秘密，本章告诉你。

第一节　斗争，是合作的开端　　/17
第二节　设一堵隔离的墙　　/21
第三节　成立家委会的前提　　/24

第三章　班级定位可以决定沟通成败　/ 29

班级定位与家校沟通何干？你如此发问，一如当初的我。如果不是有过深刻的教训，我也不会窥探出班级定位也可以决定沟通的成败。

第一节　定位失当的如血教训　／29
第二节　沟通中的班级定位艺术　／32
第三节　"打鸡血"与"打点滴"的不同结局　／35

中篇　沟通之三经四纬

第四章　家校沟通的情感与生态经线　／41

你可以给班级描绘一幅美好的图景，因为图景在凝聚班级的同时，也凝聚着家长的心。假如图景是彼岸美丽的岛屿，而你又没有从此岸抵达彼岸的渡船，还会有多少家长跟着你走？这里的经线，就是从此岸抵达彼岸的渡船。

第一节　对那场离心离德的反思　／41
第二节　家校沟通的情感经线　／43
第三节　家校沟通的生态经线　／48
第四节　家校合作的互赖建立　／52

第五章　家校沟通的动力经线　／55

在通往美好的路上，总有一些人难以心平气和地接受渡船的速度，希望它快点，再快点。是的，此时，你该怎么做？

第一节　必须和家长说通的那点事儿　／55
第二节　你言我语：动力经线第一阶段　／59
第三节　娱乐励志：动力经线第二阶段　／63

第四节　"猛药"配制：动力经线第三阶段　　/ 66

第六章　家校沟通的传语纬线　　/ 71

如果说经线是从此岸到达彼岸的渡船，并不意味着所有的乘客都可以铁心地跟你往前走，缺少了沿途的风景，难免会有人对终点表示怀疑，而这种负能量的传播速度是超乎想象的。是的，如你此刻所想，如果不能让乘客感受到沿途的风景，危险自然会悄然降临……

　　第一节　每天一传语　　/ 71
　　第二节　节日里的情感传递　　/ 78
　　第三节　做孩子与家长的中间人　　/ 82

第七章　家校沟通的活动纬线　　/ 87

做一些活动，链接家校关系，这是不错的思路。可是，怎样才算是链接了家校关系的活动呢？唯有契合的，才是有效的。契合，是关键。

　　第一节　怎样才算链接家校的活动　　/ 87
　　第二节　我的活动关照你的心　　/ 90
　　第三节　我的，就是你的　　/ 95

第八章　家校沟通的层递纬线　　/ 101

家校沟通还有线索？是的，和带班一样，家校沟通也得有线索，而且不能是一条线索。绝对不能是一条，因为在单一线索的路上，我演出过悲剧，我不想善良的读者走同样的路。这里，你可以找到让班级层递上升的线索。

　　第一节　单一线索的悲剧　　/ 101
　　第二节　说品牌班级，并非闲话　　/ 102
　　第三节　让家长感受班级的层级提升　　/ 106

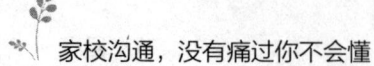

第四节　见证，有效沟通的体现　/111

第九章　家校沟通的个体纬线　/113

"大事儿做好，小事儿自消"，我曾如此认为，结果伤痕累累。你可以做好所有你认为的大事儿，但个体的小事儿也可能是大事儿。因为一花一世界，一叶一菩提。小事儿如何做？我用实例告诉你。

第一节　抓大放小的教训与启迪　/113

第二节　你的心痛，我的行动　/118

第三节　有效的沟通需聆听过去　/123

第四节　家校共演一场美丽的双簧　/127

第五节　我的理论，你的行动　/131

第六节　你是孩子的重要老师　/135

下篇　锦上添花

第十章　锦上添花的沟通艺术　/143

挟术拒道，是悲哀；据道斥术，也是悲哀。前者是多数人的选择，后者是高手面临的危险。三经四纬之外，我愿把前九章所蕴之术，做蜻蜓点水式的提炼。

第一节　四招让家校关系锦上添花　/143

第二节　反转，凝聚家校合力　/154

第三节　你可以这么和家长说　/158

第四节　搭建多维沟通平台　/162

尾声：并非多余的话　/179

后记：感谢一颗不曾凋零的心　/181

上 篇

绝非弦外音

写作本书,势必悉数过往,首先触及心灵的竟不是什么沟通的"大道"或"小术",而是"家委会"和"班级定位"。你我可能都没有在意,可它们并非弦外之音。我的经历如是告知……

上篇

地非越外音

第一章　在对比中为你揭秘

开篇，其实是有些难的。

因为我必须有勇气面对过去，揭开过去才能书写下去。何况这段过去充斥的不是成功的喜悦，而是相反。其实很多时候，我也很迷茫。我不明白为什么同一个班主任在不同时期带两个班级，做的都是同样的事情，最终却是两种结局：一个温暖如春，一个寒冷如冬，至少当时是如此感受。

如果要更好地前行，就必须揭开其中的密码。所以，在今天这个节点上，我选择用两相对比的方法，重新梳理过去的经历，试图在对比中找到家校沟通的密码。

是的，这是我的努力。

第一节　不能不分享的美丽

感谢正在阅读这本小书的朋友，你愿意随着我的文字前行，让我的心灵不孤单。因为每写下一个文字，都有你的身影与我做伴。感谢有你，有你们。

因为关涉不少不愉快的回忆，我知道，善良的你一定允许我从一些美丽的事情讲起。站在今天的台阶上，这是我不能不和你分享的美丽。

那应该是正月初六，对，是2016年的正月初六。

冬爸给我打电话说："梅老师，我们家委会碰个头吧，商议一下新学期的规划。"

那天，我和几位家长相聚在苏州乐园旁的"墨竹"茶馆。整整一个下午，我们在为新的学期谋篇布局。

3月中旬是江苏省高中学业水平测试，俗称小高考。由于高二是较难管理

家校沟通，没有痛过你不会懂

的一段时期，再加上小高考结束之后学生压力解除，所以我们设计了一个最高端的家校共同研修项目。说是"最高端"，我没有丝毫因"不知天高地厚"而羞愧的感觉，因为我们的研修真的是最高端，没有之一。请看看我们的"师生家长共同研修计划"。

师生家长共同研修计划

时间：2016年3月25—27日。

地点：苏州市相城区望亭中心小学二楼报告厅。

背景：小高考刚刚结束，离高考还有一段时间，孩子具有明显的放松情绪。

目的：纯净孩子的心灵，提升时间观念、自觉意识，激发孩子的内在驱动力。

性质：公益活动。

研修日程：见下表。

研修时间	研修内容	研修目的	主讲嘉宾及简介
3月25日 19:00—21:00	科学的时间管理	引导孩子科学规划自己的时间，提高学习效率。	李霞：资深企业HR，心灵驿站首席心理咨询师，职业规划培训师。
3月26日 8:30—11:30	升级生命软件	引导孩子分析自我、把握自我、成就自我。剔除性格中的不利因素，培育最优化的成长基点。	杨学勇：北京大学卓越书同家庭指导师，二级心理咨询师，九型人格导师。
3月26日 14:00—17:00	目标管理	用组织行为学的观点，帮助孩子树立目标、树立信心。	郭镇玮：中国台湾地区高雄人，幸福五力创始人，职业培训与咨询师。
3月26日 18:00—21:00	目标管理	帮助孩子构建实现目标的协作环境及步骤，阶梯式实现理想。	郭镇玮：中国台湾地区高雄人，幸福五力创始人，职业培训与咨询师。
3月27日 8:30—10:30	从学渣到学霸的升华	硕士生导师现场，交流如何提升学习效率，获得理想的学业成绩。	姚传德：南京大学博士，苏州大学硕士生导师，国内思想文化比较研究与东亚现代化研究领域的翘楚。
3月27日 10:30—13:00	生日会	为4月份即将过生日的孩子举行集体生日会。	
备注：活动全程由苏州大学商学院陈伟教授主持。			

第一章 在对比中为你揭秘

或许，读到这里，你会羡慕地说："这活动真的很高端！"我也这么认为，否则就不会放在这里"显摆"了。

可是，各位看到的可能只是内容的高大上、专家的高大上，你恐怕无法预知邀请专家、接机、购买纪念品、安排住宿等事务的烦琐，也无法预知家长和孩子的住宿统计、安全保障、伙食安排、酒店预定、交通设计等事务的繁杂，也无法预知场地选择、考查、谈判等事务的困难。千头万绪，任何一个环节出现问题，都会导致研修无法达到预期的效果，甚至会出现其他意想不到的事情。

热心的家长纷纷给我发来信息：

梅老师，礼品我和玥玥妈妈分头去买了，您就别操心了。——佳妈

梅老师，用车的事情你就别操心了，我已经安排好了。——旭爸

生日蛋糕和餐饮的事情，我和几个过生日的孩子家长都沟通好了，您不用担心。——逸爸

哪几个孩子住一个房间我都做了详细安排，车子到达的时候，我会在酒店大堂等待孩子们的到来。——培妈

专家的接送和住宿，我来负责。——冬爸

还需要什么其他花费，梅老师您不用说，我来付就是了，虽然不认识几个字，但我可以出力、出钱。——成妈

……

还有很多很多的信息，全部汇聚到我这里。读到这里，你是不是有种特别羡慕的感觉，家长们怎么都这么热心？

此外，活动当晚和第二天，我必须到某所大学完成兼职授课任务，因此不能亲临现场。于是我给所有的家长发了这样一条短信：

感恩所有亲人的辛苦付出，很惭愧不能亲临现场为大家分忧，只有一个请求：好好照顾我的孩子们。

就这样,我安心地乘上了高铁,赶往上海虹桥机场,脑海里想象着孩子们在培训中的一个个美妙的镜头。

是的,我根本不在活动现场。

如果不是班级具有高度的凝聚力,这千头万绪的研修活动怎么会安排得井井有条?如果不是家长资源的充分挖掘,又怎么会组织起这么高端的活动?如果不是每个人的主动和热情,我这个班主任又怎么可能放下孩子们和家长,安心赶往外地?

教育,从来都不应该是学校单方面的行为,它应该是家校相互沟通、协作的行为。没有家庭参与的教育是不完整的,没有家长支持的班主任是孤独的,甚至是痛苦的。同样,没有获得家长认同的带班,是危险的。在现代家长愈加功利、"分数至上"的近视评价背景下,如果没有家长的理解和支持,班主任往往会陷入被动的境地。因为任何一个家长不认可或者不理解的行为,都可能成为家长举报的理由。在教育评价无法真正达到公平的背景下,这个理由往往就可以把教师"置于死地"。

家长,是宝,也是剑,就看你如何沟通。沟通好了自然是宝,反之,则是一把剑!

我回忆这段美好的经历,是想作为一个引子,让你在"羡慕"我的同时思考:怎么可以做得这么好呢?

是啊,所以我必须剥开郁歧班的故事,那段故事里有诸多失误,也有我们要找的沟通密码的线索。

第二节 我的痛你一定会懂

喜欢一句话:"你只看到我在人前赢得的鲜花和掌声,却无法理解我在人后付出的汗水和经历的苦痛。"

朋友们看到很多老师在台上风光无限、魅力四射的时候,你可能不知道他们也有辛酸,甚至是心痛的时候。因为世外没有桃源,我们在现实世界里努力打造的无非是一寸天堂,就是这一寸,也困难重重。

2008年学期结束，当孩子们都离开学校，开始过暑假的时候，我被领导叫到办公室"谈话"。

是的，这是郁歧班的故事。不知你是否经历过这样的场景？领导把你叫到办公室，劈头盖脸地批评一顿。其实，这没什么问题，想听就听，不想听就这耳朵进那耳朵出嘛。

可是，这样的场景或许你没有见过：领导把你叫到办公室，什么都不说，而是让你自己说："你自己说一下自己吧。"怎样？你知道该说什么吗？你不知道，因为你一头雾水，但可悲的是，你还必须得说。

如果你坐在"审判"的位置，面对的不是一个领导，而是学校全体领导，同样是："你自己说一下自己吧。"这时，你有没有一种想发疯的感觉？

是的，第三种场景，是我的亲身遭遇。

那天，四位学校领导围着我。

"你评价一下你自己的工作情况吧。"我知道，这是让我反省。一个顶着全国知名班主任头衔的老师在这样的场合，做如许事情，总是不光彩的。

关键是，我该从何反省呢？是或者不是，你得给自己找"错误"。更关键的是，无论你找出多少"错误"，可能都满足不了对方的期待。何况，他们的心中"铁证如山"。你不必，当然，你也不能追问证据的来源。

是的，不能问！

"高二还没有分班，就有不少家长打电话说，千万不要把自己的孩子分到你班，要是分到你班他们就集体罢课。你看看你给学校造成了多大的负面影响！"领导的训话严厉无比。

……

我曾经在一篇文章里写过这样一段话：

结局。

无可辩驳！

很多时候，无关过程，正如过了早晨就是晚上。

没有道理，也没有人关心你有没有道理，结局就是全部的注脚。

当我在外地不断地讲述自己的带班之路时，自家的"后院"却大火冲天。结局无关过程，只关结果——和曾经的最好相比，你现在的结果是怎样的。

我不知道自己是怎么走出校长室的，只记得当时脑子里一片空白，内心更是无比的疼痛。因为从来没有被校长如此批评过，更因为当我把所有的心血都给了孩子和家长之后，得到的却是这般结局。

真的，我是尽了心的！

人生有一种悲哀就是你付出了所有，最后却一无所有。我相信你会懂我的心痛，因为付出心血之后，谁都不愿意看见苍凉。

那天，我一下子退出了原有班级的 QQ 群、微信群。若不是极大的绝望，不算年轻的我又何至于此？

事后，有不少家长给我发来短信——

梅老师，知道您的内心一定很痛苦，很失望。虽然有一部分家长不理解您的苦心，但请相信，大多数家长对您都怀有感恩之心，您给予孩子的是全方位的发展，或许也是他们以后再也感受不到的幸福。

梅老师，您退出群，我一点都不奇怪，您一定心凉了。我也很生气，但我无法改变别人的思维，只能在这里对您道声最真挚的感谢。

梅老师好，没有见过比您更真实的老师，在现实教育的困境中为孩子创造了可能的成长空间，向您说声谢谢。

……

还记得，时隔七年之后，也就是去年的冬天，我收到了华爸的电话："梅老师，你哪天方便，我们见面聊聊。"华爸是当时班上其余家长最不喜欢的一位家长，因为他的行为举止非常另类。但我知道他是正直和善良的。

"别了吧，知道哥哥也很忙。"我委婉地拒绝了，因为我不想再见任何一位原来班级的家长，哪怕如华爸这样值得交往的家长。

"孩子离开了你班，但我们依然是朋友，见个面聊聊，说说心里话吧。"华爸还是坚持把我约到了茶馆。没有一起回顾过往的日子，我知道他和我见面就是对我最大的认同和安慰。那天，他送了我两条围巾和一顶棉帽。围巾一条给我，一条给我爱人，棉帽是给我孩子的。我送了他一盒碧螺春。

这些，是对我的安慰。

直到今天，我觉得有必要把那些不快翻拣出来，因为对于我，对于所有做班主任工作的朋友，或许都有些用处。错误，在我一个人身上上演就够了，但愿每一个班主任都能平安、顺利。

我真的用心做了很多事情。

第三节　得意的前置性沟通

凡事预则立，不预则废。家校沟通也一样，前置性工作做好了，可以给后续工作带来相当多的方便。

2008年8月，知道要带郁歧班的时候，我就尽力把前置性工作做好。

没有接触家长之前，我便和学生先打了个照面。因为从8月10日起，全体新高一学生要进行军训。当天上午班级全体学生报到，然后乘大巴车到军训基地进行为期一周的封闭训练。

作为一个班主任，特别是作为一个父亲，我懂得这7天军训生活对家长意味着什么。如果我能把这个阶段班级所有孩子的情况进行现场直播和交流，那将是多好的事情，因为这是家长的期待，更是我这个班主任走近家长的契机。

那天送孩子报到的时候，龙妈说："梅老师，我可以加您QQ吗？""可以啊！"于是我把QQ号给了她。坐在开往军训基地的大巴上，我构想着如何去和我的家长相处（虽然核心精神一样，但我和每一届学生家长的沟通方式不会一成不变），忽然想到了可以把军训情况进行直播。怎么办？对，不是有龙妈的QQ吗？

"王姐，您好，虽是首次接触，我还是请您帮个忙。"我在QQ上给她留言。我坚信，不会有家长会拒绝新班主任的第一次请求。

"梅老师，您客气了，这个称呼很亲切，有什么事情您尽管说。"龙妈的回复很及时，也很热情。

"我是个菜鸟，不会建QQ群。我想请您帮忙建个QQ群，我好来直播孩子们军训期间的生活状态。"

"梅老师您太细心了，可我不知道其他家长的QQ啊！"

"您建好了，只需告诉我QQ群号，我逐一短信通知各位家长就可以了。"

就这样，大巴车到军训基地的时候，QQ群就已经建立完毕。

安顿好孩子们后，我就开始逐一通知家长们加入班级QQ群。

"尊敬的家长，感谢命运让我们相识，我是孩子的班主任梅洪建。为了您更好地了解孩子的军训生活情况，请加入班级QQ群，我会对孩子的各项情况进行直播。群号×××。"

大约中午，所有家长都加入了班级QQ群中。在诸多"欢迎"之后，我发出了第一条消息：

各位大哥、大姐（请允许我这么称呼大家，一直以来我都是这么称呼我的家长，因为我觉得我们应该是一家人），今天是开心的一天，不仅因为即将结识那么多好朋友，而且因为我感觉到我们的孩子是有涵养的。今天在发《德育手册》时，每个孩子从我手中接过去之后，都会说声"谢谢"。这是一个微小的细节，而我见过很多孩子并不知道说"谢谢"。这声"谢谢"是孩子有涵养的体现，也是我们这些家长的素质的体现。因为每个孩子的背后都是一个家庭，每个孩子的举止都会折射出家长的素质。感谢你们培养出这么有素养的孩子！

当天中午，我走进孩子们住宿的地方，拍了很多关于宿舍情况的照片，发给了家长，并且解答了家长们最关心的一些问题：

宿舍里有没有空调？

宿舍里有没有蚊子？

宿舍里提供开水吗？

宿舍里洗澡方便吗？
……

就是在这样不厌其烦的解答中，在消除家长顾虑的过程中，我知道我和家长之间的关系也在一步步拉近。

后来在一次聚会中，凯妈告诉我说："梅老师，你知道吗？你第一次感动我和很多家长的就是军训直播。因为之前从来没有一个班主任这样做过。另外，没有老师这么称呼我们家长为大哥、大姐，也没有任何一个班主任在还不怎么熟悉的情况下，就尽心地和家长交流，解决家长们的后顾之忧。那时候，我们都觉得把孩子交给这样的班主任很放心。"

凯妈的话可能代表了不少家长的心声，因为对牵肠挂肚的家长们来说，这几天的现场直播就像雪中送炭。

午饭的时候，我把孩子们围坐下来吃饭的情况拍成照片发给家长。看到那些寒碜的饭食，我怕家长们担心，于是就在QQ群里说：

孩子们的伙食不好，因为这次活动的主要目的就是锻炼孩子们的意志品质。身体上吃苦，生活上吃苦，这样他们才能明白和珍惜拥有的生活。我相信各位把孩子送进来的时候，也一定盼望着军训结束的时候，孩子是变了样的。

其实我明白，每个家长都不舍得让孩子吃苦，而在"锻炼孩子"的名义下，也只好咬牙坚持。

在军训过程中，我会把孩子们的操练情况拍成照片发给家长，会把身体不舒服的孩子的情况传递给家长，更会把我们班超出别班的地方传递给家长。

晚间休息的时候，我会告诉家长我去查夜了，孩子们都安睡后我才回来休息。

回到休息室，我开始向家长介绍我观察到的每个孩子的表现和让人感动的细节。

就是在连续7天的不断交往中，我深深地感到我和家长们的心一直在慢慢靠近。

最后一天的会操表演对家长开放。很多家长早早地赶来，我也早早地赶到大门口去迎接他们。家长见面后第一句话就说："梅老师，感谢你，花了你不少流量吧？"这种关心，我知道是家长跟我心灵贴近的表现。在会操表演的过程中，我忙于拍照，家长们会主动帮我拿东西。我知道，大家这个时候是很近、很近的……

就是这样一场军训直播，我带的班级走在了很多班级的前面。

前置性工作的有效开展，让我赢得了家长的心。这里也特别想告诉朋友们的是，以后8年的带班，每一次，我都会进行前置性的沟通。等到学校统一组织召开家长会时，往往会错过沟通的最佳时期。

后来我们又在QQ群里商议班级的各项事务，例如和家长们一起商量班级建设的路线图、商议班规的制定、商议班级的布置等工作。

尤其是班级布置，一个绿色的背景墙，一棵大大的苹果树，树上的一个个"小苹果"就是一个个孩子最美的照片。玻璃窗上的绿色装饰品、墙壁上的绿色墙纸和文化宣传栏，以及教室里6棵大绿萝、前后定做的书橱等，都让我们班呈现出了童话般的美好，让我们班成了别人艳羡的班级。

自然，家校之间也进入了蜜月期。

第四节　好评如潮的蜜月期

蜜月期，很美吧？嗯，你就陪我暂时享受这份美好吧。

记得期中考试过后，学校举行了第一次家长座谈会。

作为我班三位代表之一的民妈，在座谈会结束之后给我打电话说："梅老师，你知道吗，今天的座谈会成了咱班三位家长代表的专场。校长让别人讲话，总是零言碎语，我们三个从不同角度对咱班和你个人进行了夸赞。看到别人羡慕的眼神，我们超有幸福感！"电话那头洋溢着幸福的语调，我在电话这头也倍感幸福。

诚然，家长座谈会之后，我受到了校长的表扬。接下来，不断传来对我的赞许。

还有某天，校长室转来了一封来自家长的"表扬信"：

梅老师，我为你喝彩

"和而不同，平而不庸，让别人因我而幸福。"这是最近让孩子和家长们为之兴奋和激动的一句话，并被确定为孩子们为之努力的班级核心理念。这句话其实凝聚了梅洪建老师担当班主任以来的思考和寄托的希望。

第一，你的班级核心理念与众不同

在2000年"企划"概念热闹的时候，一种新的企业管理概念开始进入我的视野。为了企业的长远发展，许多企业引进了CIS（企业形象战略系统），该系统着重在企业核心理念、行为规范、视觉形象识别三方面，开展企业形象战略导入，确实让企业增色不少。

而我们班，自从梅老师领班之后，一个个创新的想法和做法，如果细细串起来品味，你会发现，班级的精神面貌、形象改变了，孩子们的团队意识、荣誉感、责任感增强了，孩子们学习生活的幸福感增强了，孩子们的心态在改变与调整中健康发展。

也许梅老师没有在企业中进行CIS研究的实战积累，但是，他的管理思维确实是一种教育战线中的"企业形象战略思维"。有了这种思维，我们的梅老师注定与众不同。他灌输给孩子们作为一名学子要去追求"和而不同，平而不庸，让别人因我而幸福"的核心价值理念；他引导孩子们正确对待三年高中生活；他传授给孩子们今后学习以及融入社会后会终生受益的师训。而这种理念一旦在孩子们的头脑中形成，这个班级就一定人人有责任、人人互帮助、人人重团队、人人面貌新、人人都出彩、人人心智康。在人人重成绩的拼分时代，梅老师的教育理念应该是素质教育的实践者和排头兵。梅老师，我为你喝彩。

第二，你的班级行为公约很出彩

让我们先来欣赏一下班级的行为公约：

家校沟通，没有痛过你不会懂

——对集体
①大事讲原则，小节讲风格；
②为班级争先，让集体因我而精彩；
③热心公益事务，做有爱心和责任心的人。
——对他人
①学习、倾听、尊重他人，让他人成为自我成长的资源；
②为别人鼓掌，热心分享自己的见解；
③多说"谢谢""您好"，让涵养伴随成长的每一个细节；
④永远秉持谦卑之态，永远存有感恩之念。
——对自己
①按时作息，坚持锻炼，做生活规律、身心健康的人；
②永远面带真诚的微笑，无畏生活中的坎坷或失败；
③做事有计划，抓住今天，不让明天有遗憾；
④沉稳、细心、缜密、严谨，永远不犯同样的错误；
⑤提升安全意识，高高兴兴上学，平平安安回家。
——我们的目标
做父母最好的子女，做班级最好的学生，做社会最好的公民！

这是梅老师起草、家长共同参谋制定的班级行为公约，目的是通过以上行为公约的践行，调动孩子们的积极性，建立班级团队的归属感和认同感。行为公约谈到了如何对待集体、如何对待他人、如何对待自己、如何面对社会中的行为识别准则。爱心、责任、尊重、鼓励、微笑、计划、严谨、感恩、谦虚、真诚等，字里行间传递给孩子们一种健康向上的行为规范要求。

围绕这些公约准则，班级已经开始兴奋起来。热爱班级、主动参与的自觉行为每天都在闪现。精彩的班会，小组的评比，团队的游戏，信任的建立……九班的孩子们已经开始与众不同，风采飘逸。梅老师，我为你喝彩。

第三，你的班级形象很出彩

在教室的后墙，热心的燕妈妈任劳任怨，精心布置，一幅精彩的苹果树画终于完工。全班孩子们化成一只只小苹果挂在树枝上，围绕着班集体这棵大树，快乐地成长。"让别人因我而幸福"这几个字在中间十分醒目，班级公约挂在侧墙，茂盛的绿叶在四周的墙壁上、玻璃窗上伸展舞动。教室装扮得像一片森林，绿色带来轻松和惬意；旁班的同学及科任老师都被吸引注目。

你的这些创意给了教室以生命，给了孩子以轻松，给了学习以快乐，给了家长以感动，给了学校以活力。梅老师，我为你喝彩。

第四，你和孩子们的关系与众不同

你和孩子们的沟通方式很特别，人人一个私密的沟通小本，孩子们每天可以真诚地、毫无保留地和你进行沟通，说说乐事，也讲讲苦闷。

师生书面交流本里有这样一段你说的话，让我们家长特别感动："请不要批评我的孩子。在家里他可以是你的孩子，在学校里他就是我的孩子。我可以告诉你的是，我对孩子的爱绝对不亚于你对孩子的爱。孩子在学校里，我知道他们多么用心地爱这个班级，多么努力地学习，多么热情地帮助别人。我爱他们，我不希望任何家长来伤害我的孩子。无论成绩好坏，他们都尽力了。如果没有尽力我一定会批评他们的；如果他们尽力了，而您的'关心成绩'恰恰是对他们的伤害。如果考差了，他们自己会懂得，还有很多同学在相互帮助；如果考好了，您可以鼓励，我也会鼓励。我们做家长的不能出于所谓的好心，做可能走向教育反面的事情。爱孩子，就要在家里给他温暖、给他快乐、给他正能量、给他关心……其他的，他们都懂的。因为他们已经形成了好的氛围，形成了向上的'场'。'平而不庸，和而不同，让别人因我而幸福'已经慢慢渗入孩子的血液中。"

你是班主任、语文科任老师，你又是孩子们的心灵导师，同时你还扮演了孩子的爸爸、妈妈的角色。如果孩子们每天都愿意和你进行真诚的沟通，我们这些真正的爸爸、妈妈们就该有危机感了。不过尽管那样，我们也愿意，只要孩子们健康、快乐、幸福地成长。就让孩子们书包中神奇的小本变成一个快乐的信使吧！梅老师，我为你喝彩。

第五，你和家长的关系也与众不同

像兄弟，像家人，没架子，开玩笑。你用最快的速度打入了家长圈。开学前的家长座谈会，你了解了班里的每个孩子，也了解了每个孩子背后的爸爸、妈妈。你提议建立家委会，因此团结和带动了每个爸爸、妈妈共同参与班级建设。以"君诚"和"君彦"妈妈为代表的家委会组长，在极短的时间内，组织了"中秋小隆中联谊活动"，完成了班级视觉形象设计与布置。你对孩子们的爱与责任，牵引着家长们尽心参与班级的建设。每天在班级群里，你就是一个快乐的大孩子，用年轻和活力感染着每一个爸爸、妈妈。每天看不到你的消息就像丢了魂，你是一个有魅力的好老师。梅老师，我为你喝彩。

加油！祝老师和孩子们幸福快乐。

文爸
××年×月×日

让人感动的事情还有很多很多。

有人说，良好的开端是成功的一半。经历过一些事情之后，你会发现，良好的开端也有可能是失败的根源。我们总是会被暂时的胜利冲昏头脑，以为刚刚出发，就可以稳妥地走完"万里长征"。

只是，如此美好的沟通，如果我不继续写下去，你一定会认为结局也很完美。很可惜，你的预想是错误的。

我必须坦诚地告诉你，这不是前置性沟通的错，而是里面的细部出了问题。这个细部，关涉的是家委会。

第二章　你不懂的家委会秘密

不知道为什么，我迷恋上了尼采，或许是因为他说的每一句话，都与我当时、当地的内心相契合。

正如此刻，我想起了他在《神圣的成长》中说过的一句话："如果我们一味地回避本应经历的这些痛苦也好，磨难也罢，或是将这些苦难置之不理，那么结果就只有一个：削弱我们原本的生命的能力。"失败的产生，如果仅仅让它止于失败，那才是人生最大的失败。

每一种过往都可能是人生智慧的新起点。引起我深思的第一个环节便是家委会的问题。家委会，并非成立了就可以运作，运作了就可以顺畅完好，它是有秘密的。

第一节　斗争，是合作的开端

为了将问题说明白，我还是从现在的羽翾班开始讲述吧，因为它是引起我思考的重要起点。

学生没有报到，我还没有拿到分班名单，迎接我的挑战就来了。

"梅老师，你到我办公室来一下。"开学前一天，我被领导叫到了办公室。"你们班有几个家长吵闹不休，你出面解决一下。"

这——我还没有接触学生，更是无从接触家长，叫我如何处理呢？

"这几个家长由于选科问题，还有他们了解到班级教师的配备情况，非常不满意，前几天已经在我办公室里破口大骂了。无论如何，选科的结果是不能改变的，因为牵涉的不是一个学生，也不是一所学校，绝对不能开这个口子！"领导的话让我心里凉凉的。

一则我不知道将要面对的是怎样的家长，但我知道这样的家长肯定不好惹；二则如何跟从来不了解、未曾谋面的家长沟通呢？

但是，放在自己的篮子，就是自己的菜，我别无选择。

何况，回避，就能解决问题吗？

不能！不能，我只能往前冲。

于是，我向领导要了"带头家长"的电话，直接打了过去："××爸，您好，我是孩子的新班主任，您一定有很多意见和想法吧，我们可以见面沟通一下吗？"谈话如授课，要避免碎问碎答。

"您是梅老师吧？我知道您，很有名的班主任。"对方的回答让我一震：他竟然如此了解我，难道几年前被领导训话的事情他也了解到了，还是在所有的家长中都流传着我曾经"惨败"的故事？不管心里怎样忐忑，我还是得硬着头皮将对话继续下去："呵呵，知道我的不少丑事儿吧？没事的，或许我们见面聊聊就认识对方了。您看什么时候方便，约一下有想法的家长，我们见个面。"

"我已经建了班级QQ群，我吆喝一下，明天下午我们××咖啡馆见！"

挂了电话，我的心里是更多的忐忑。说实话，连我这个即将上任的班主任都没有拿到班上孩子的名单，家长们就知道了班上所有的孩子，并已经联络了所有的家长，建立了班级家长QQ群，这"能力"也太恐怖了！

在他们的"神通广大"面前，我多像一个赤裸裸的小丑，让人一览无遗，甚至因为发生的过往，而没有任何抬起头的尊严。

我的未来，将会如何？我不知道，但我相信唯有坦诚才可能打开心门。无论如何，我都得面对眼下的事情。

第二天下午，我来到东环路家乐福楼下的咖啡馆，四位家长如约而至。很客气地寒暄之后，大家落座，"带头大哥"开口说："梅老师好，我们反对学校的安排，不是反对您个人。我也是研究教育的，只是感觉学校这么做是在毁孩子啊！"

我内心一阵喜悦，因为，他也是研究教育的。

我伸出手，握了一下他的手说："那太好了，和懂教育的家长聊，那是最幸福的事情，因为我们在一个频道上。我先请教各位：您对咱班了解多少？"

是的，读者朋友，这里"咱班"的"咱"字，是拉近情感的策略。

"全校均分最低，本科模拟上线的一个都没有。科任老师里，英语老师刚生了孩子，不能专心教书；数学老师怀孕了，下学期肯定也不能教。"家长的话里有些气愤。

厉害，连我都不知道即将搭档的老师是谁！亲爱的朋友，如果遇到这么"厉害"的家长，您会是什么心理？

"您如何看待差生？如何看待好班里面的差生的生存环境？"

"差生的产生肯定和智商无关，因为智商不高的学生考不上高中。但和习惯有关，习惯不好是学生差的原因。如果放在好的班级里，慢慢地受其他人的影响，孩子们的习惯也会逐渐变好！"

没错，这是几乎所有懂些教育的人的共同认识，也是很多人无法接受"差班"的原因，何况这又是一个整体不好的班级、一个或许连老师们都无法全身心教书的班级。

忽然间，我理解了家长们为什么会和学校闹。

"您觉得我们的孩子本质上应该是优秀的吗？哪位可以给我讲讲孩子的小学、初中的学习状况？"因为我知道，小学和初中的过往里隐藏着教育的密码。

于是，几位家长都娓娓道来，向我讲述了孩子过去的"辉煌"。

"当孩子有过辉煌的过往，如今却被分到不好的班级里时，他们会不会有心理落差？很明显，各位的心理落差就告诉了我答案。一个集体处于低位的班级，会不会存在可能的优势呢？"我继续我的讲述，"我们的孩子既然被分到了咱班，您有没有能力让孩子分到中等班级我不知道，但我知道无论您怎么做，都不可能分到最好的班级。这个时候我们要思考对孩子可能的、最有利的方法。"

"或许可以绝地反击？"祁妈小心翼翼地说。

"放在中等班级可能是温水煮青蛙，而放在最差的班级倒可能利用反弹心理做得更好。"培妈也带着疑惑说。

这时，我知道，起决定作用的一定是懂教育的"带头大哥"。于是我问："您觉得一个孩子被分到我班的主要原因是什么？是什么造成了这种状况？

如果克服了这个原因会如何?"

接下来我们达成了共识。一个孩子的成绩不好,往往不是智商的问题,因为一个智商有问题的孩子可能在中考就被淘汰了。孩子们的智商没有问题,那就是习惯和内驱力的问题。习惯的形成又往往是家庭教育的结果,一时难以改变。在这种背景下孩子成绩不好的原因,自然就是内驱力的问题。诚然,也会有因成绩不好而被老师、同学忽视的自卑感造成。如果我们能关注每一个孩子,同时又调动孩子们的内驱力,教育不就可以美好起来了吗?

在一个最差的班级,每个人内心深处的尊严感,就是让人触底反弹的最重要的基点。如果调动孩子们的内驱力,再在学习方式上进行一定的变革,是不是会创造奇迹呢?

作为正在读这本书的您,一定会明白我内心也憋着一股子气,想借这个班级做出一点证明。

或许是同理心的作用,或许是家长们明白了无法改变分班的结局,他们逐渐开始聆听我的讲述。

于是我做了以下几点总结:

第一,我会采取合作学习的方法,因为科学研究表明,如果每个人的合作潜能都得到调动,那么其效率会比独立学习高出71%。美国当代著名教育评论家福茨说过:"合作学习如果不是当代最大的教育变革,那么它至少也是其中最大的一个。"

第二,我会采用三个阶段、四个维度的方法,激发孩子的内驱力,让每个孩子都把自己的潜能发挥到极致。因为我明白任何一次谈话都是对孩子心理表层的调节而已,很难改变人的内在心理结构。要想改变人的内在心理结构,那就必须持续不断地在同一个方向上做调节。行为心理学研究表明,如果要让孩子形成新的习惯,至少需要21天;如果要让孩子形成稳定的习惯,那至少需要3个月。而我的三阶段、四维度的做法要延续一个学期,足以改变孩子们。

第三,我将打造一个让每个孩子都有归属感和存在感的班级,因为任何人都是被隐藏在内心的归属、力量、自由和快乐四种内驱力驱动,归属感和存在感是核心的要素,而上述三阶段、四维度恰恰是力量的给予。

第二章 你不懂的家委会秘密

然后我详细介绍了让每个孩子都有归属感和存在感的具体策略。你一定想知道这些具体策略是什么。原谅我此刻的保留，因为具体内容我将放在后面的章节进行介绍。读着读着，你就会理解了。

基于以上认识，家长代表们逐渐被我说服，并且意识到我们这个新班级的确有创造奇迹的可能。因为我告诉家长们，也只有创造奇迹，我才能证明自己。从自我心理到具体做法的一系列交流、认同，成了彼时、彼刻的结局。

但此刻的认同，不见得是最终美好的结局，因为这只是家校的认同，并非家校的合力。家校之间，如果没有形成合力，再美好的愿景都会成为空中楼阁。

形成合力，自然需要成立家委会。

第二节　设一堵隔离的墙

可能谁也想不到，我的新班家委会代表竟然是我之前谈到的、"闹腾"得最厉害的家长们。

或许朋友们也会不理解：你怎么敢用这些家长做家委会的代表？

因为，其一，他们本来就是代表家长们来和我谈判的，本身就具有一定的影响力。其二，经过一下午的交流，他们基本上认同了我的理念，并且决定和我一起创造"奇迹"。

理念的认同是家委会和班主任凝心协力的最重要的基础。因为只有家委会认同班主任的理念，他们才会用自己的影响力带动更多的家长，跟随班级的步伐；才能统一所有家长的思想，共同为班级的发展服务。

理念的分歧，是造成家长不满的重要原因。

其实，8年前的郁歧班我也成立了家委会。记得在军训活动结束之后，我召集所有家长在苏州斜塘老街的大益茶楼，召开了第一次家长会。因为没有开学，这也算是一次前置性的会议了。那次会议，我让大家谈谈对我这个班主任的期待，然后让每位家长谈谈自己孩子的情况，期间我做了详细的笔记。诚然，我也会在会议上谈自己的带班思路。

前文已说过，我是尽了心的。一个不尽心的班主任，怎么会在开学之前，召集所有的家长召开会议。

然而，生活就是这么真实，不是你尽了心，结局就可以变得完美。因为，科学比尽心更有力量。

教育，需要科学，而情感不可以代替一切。

记得在那次会议结束之际，我说："班级发展需要家长们的大力配合，我需要几位热心的家长来做家委会成员，负责组织和沟通家校关系。"说实话，我们的家长当时也非常热情，有4个孩子的妈妈主动说要做家委会工作。于是我就让她们做了家委会代表。

接下来，在家委会的努力下，各项工作都井然有序地进行着，自然也就出现了前文我提到的"蜜月期"。

一度，我沉浸在幸福当中，觉得自己把工作做在了前头，自然会取得非常了不起的效果。

直到有一天，校长把我叫到校长室，出示了两位家长在年级家长群里的聊天记录：

之一：我们班的那个班主任，就是一个大忽悠，表面工作做得特别好，实际上啥也不懂。

之二：就知道整天搞这活动、那活动，却不把心思放在提高孩子的成绩上。是不是想通过搞点特殊活动，好让领导赏识，自己升官发财啊！

校长很生气地对我说："你不是说家校沟通做得很好吗，怎么会出这样的问题？而且是在所有家长都在的年级家长群里这么大肆讨论，对你本人和学校都造成了很坏的影响，你这个老班主任，怎么会出这种事儿？"

是啊，怎么会出这样的事情？我自己也疑惑不解。直到我遇到现在的家委会。冬爸对我说："梅老师，你就不要加入家长的群了，因为你在的时候，家长们是不会说真话的！"

一语点醒梦中人啊！

当我从原来班级群里看到各种赞美的时候，不知道有多少暗流在涌动。

因为没有任何一个家长会在你在的场合里对你出言不逊,而在你不在的场合里,他们就可能把心里的话全盘托出,不管是对还是错。

要想听到真实的声音,你,这个班主任就需要与家长保持适当的距离。很多年轻的班主任会像我当初一样,以为和家长们日常沟通,就可以让彼此变得心无芥蒂、沟通无阻。殊不知无论你多么坦诚,都无法让所有的家长满意。他们会把真实的想法留在你不在的场合里倾诉。而这些声音,才是你调整治班策略或者调整家校关系真正需要的。

何况,这些负面声音的传播速度,往往大于正能量的传递。

如果你"不在现场",那么家长们可以毫无顾忌地畅谈对你的褒扬或者贬损。无论是哪个方面,只要是呈现出水面的都可以解决,最怕的就是暗流涌动。此时,可取的做法就是设置一堵防护墙——在自己和家长之间隔一道墙。

所以,我听取了冬爸的建议,不加入家长的群,而是让家委会的人扮演默默传话的角色。

通过这种方式,我听到家长们对学校科任老师配备的不满,于是就引导孩子给科任老师点赞,让孩子回到家里讲述科任老师的优点,慢慢转变家长们对老师的看法。

例如,很多家长对我们班数学老师不满意,一是因为这位老师年轻;二是因为她怀孕休假,中途要更换老师。我就引导孩子们发现老师的敬业、耐心、激情、智慧。孩子们回到家里就会和家长们谈数学老师的优点。慢慢地,家长们不但接受了数学老师,而且被数学老师的敬业打动。班上更有热心的学生妈妈给数学老师讲起了如何做准妈妈的经验……

防护墙,不是为了隔离家校关系,而恰恰是为了与家长更好地沟通。

这里,我不得不和朋友们多啰唆几句。正如在自序里谈到的,在去重庆参加会议之前,我查阅了很多关于家校沟通的资料,几乎无一例外地谈到了构建现代化的沟通媒介,主要就是 QQ 群和微信群。很多资料也只是泛泛地谈到了建立一事,建立之后的注意事项却避而不谈。或许是他们没有痛过,不知道其中的奥秘;或许是他们根本就没怎么运作,只是纸上谈兵而已。

希望我的教训,能给您一点点启示。

是不是设立了防护墙就万事大吉了呢?绝对不是,防护墙毕竟属于技术活儿，教育当中任何技术性的东西都是治标不治本的。

第三节　成立家委会的前提

　　细心的朋友一定会发现，郁歧班班级家委会的成立，其实是建立在自愿的基础上的。自愿，是热情的体现，但不一定是理念的认同，也就是说，当时的家委会有做事情的热情，但不见得与班主任是同心人。

　　所以，关于家委会成员的选择，理念认同应该放在第一位。这不是理论的推测，而是最真实的教训，因为后来郁歧班里起负面作用的家长就有一位属于家委会成员。

　　对于一个班主任来说，家委会成员的选择，一定要把理念的认同放在第一位，而不是把做事的积极性、主动性放在第一位。因为只有认同理念了，家委会才会紧密地团结在你的周围，为落实理念提供助力。

　　所以，在和羽翾班的"带头家长"见面时，我向家长们介绍了我的带班思路和带班理念之后，也主动（因为主动代表坦诚，即使你不主动说，他们也已经知道了事情的来龙去脉）谈起了"悲伤往事"中的一个重要的细节——

　　各位可能已经了解到，我曾经带过一个班级——一开始是一个梦幻班级，是所有学生羡慕的班级，是所有领导赞誉的班级。班级学风浓厚，孩子们素质很高，班级活动丰富，班级成绩也非常优异。可是，后来却出了问题。即使在今天回忆当初的带班举措，我也没有发现什么不对的地方。可是，最终我失败了，问题恰恰出在了两位家长身上，其中一位还是家委会的代表。我这么说显得不厚道，但事实就是如此。

　　在我为那个班级呕心沥血的时候，那两位家长根本没有和我沟通，就直接到学校领导处勾勒了我很多不是。坦率地说，我可能有做得不对的地方，只是不和我沟通，我又如何知道？不和我沟通，我们又如何消除误会？不和我沟通，我又如何改进工作？而且，事情弄得不明不白，他们又在全校的家长群里对我大肆攻击。

说实话，我不是圣人。何况，我的呕心沥血，换来的不是感激，而是攻击，甚至是莫须有的攻击。我承受不了，所以，我就有了放弃的念头。虽然作为老师理论上不应该放弃，可是，我首先是一个凡人，其次才是一个老师。我相信各位一定会理解。如果我在为班级呕心沥血的时候，得到的不是家长们的支持和鼓励，而是举报、攻击，那么我没那么强大。任何一个人都需要正能量，因为只有正能量才能带来正能量。只有持续不断地点赞，才会给我带来持续不断的工作动力。我想说的是，大家支持我多久，我就可以走多远。

有时候把丑话说在前面，比后续抱怨要好得多。我的话说得很真诚，也说的是实话。因为每个人都知道，点赞是可以提供动力的，而相反的作为只能带来负面的结果。家委会的几个人十分理解这一点，并表示一定会齐心协力在家长群里传递正能量，不让负能量有滋生的土壤。

于是我们一起约定：家长们要有计划地给科任老师点赞，孩子们要给科任老师点赞，家长们要给孩子们点赞，班主任要协调科任老师为孩子们点赞，班主任要为家长们点赞，让相互点赞助力班级的整体发展。因为我们班是年级最差的班级，任何批评、指责、抱怨都可能带来学生情绪的低落，都不利于班级的发展。

这里，我也想告诉朋友们，无论是不是差班，相互点赞这种精神都是必需的。

开学第一天，我既没有对班级的孩子进行思想纪律教育，也没有成立所谓的班委，制定所谓的班规，而是在对孩子们进行心理定位的基础上，讲述了我的带班理念、带班路径和带班目标。就是因为这次"讲述"，孩子们树立起了一点信心。第二天，我收到了成妈的短信：

梅老师好，虽然我们没有见过面，但孩子回家后跟我讲述了您今天给孩子讲的东西，他对您充满了期待，也对自己充满了信心。孩子的习惯不好，散漫惯了，尤其是玩游戏非常上瘾。如果孩子能在您的手下重新做人，不管能不能考上大学，您都是我们全家的贵人。

源于此，我给所有的家委会成员发了一条短信："让彼此成为生命中的贵人——这句话成为班级和我们之间的核心文化吧。"

很快我就收到了家委会的回音，大家对这一提法表示了高度赞扬。大家一致认为，只有相互支持和鼓励，才能取得最后的共赢。任何一个环节出现问题就可能毁了整个班级，也可能毁掉自己孩子的未来。

接下来，家委会向我汇报了他们组织召开的第一次全体家长会的情况。

第一次全体家长会纪要

主题：让彼此成为生命中的贵人，由家委会代表阐释"让彼此成为生命中的贵人"的内涵及其重要性。

过程：文化大家谈。

（1）大家分析自己孩子的现状，明确只有相互点赞，才能不断为孩子的发展助力。大家都意识到班级整体状况不是很好，但不能对班级失望，要通过给予动力，让孩子们树立自信，激发内驱力。

（2）大家讨论如何有计划、有创意地为科任老师点赞，为班主任点赞。目的是让大家意识到，无论科任老师的配备如何，都无法改变现状。只有不断地为老师们点赞，才能激发老师们的责任心和内在潜能；只有不断为老师们点赞，才能让老师们爱上咱们班，才能更好地为孩子们服务。

（3）讨论如何形成家长的凝聚力。目的是让家长畅所欲言，一心为班级整体服务，服从班级大局，不能因为个人的想法影响班级的发展。

（4）形成家长公约。主要有以下几条：

①为班级传递正能量，不说没有依据的话，不做不负责任的事情。

②只关心自己孩子所在的班级，不比较，不说不利于班级发展的话。

③形成默契，有计划、有节奏地为班级点赞。

④积极主动地为班级的发展出谋划策。

（5）形成家长建议畅谈机制。目的是让家长们针对班级存在的问题进行讨论，然后寻找解决问题的办法。让家长们把心里话说出来，而不是憋在心里。

汇报完这次会议的情况之后，培妈向我保证说："梅老师，你放心，我们一定会让家长群成为传递正能量的地方，绝不让点滴的负能量生存。"有了这份承诺，我宽心了很多。

正是因为有了"让彼此成为生命中的贵人"的文化认同，大家的心才会往一处想，劲儿才会往一处使。也正是因为家委会在家长群里的日常引导和宣传，才使得正能量占据了家长文化的主阵地，负面的东西几乎没有滋生的可能。即使有，也可以在"家长建议畅谈机制"中得到很好的讨论或解决。即使解决不了，也可以通过家委会的反馈，班主任进行一对一的交流。

第三章 班级定位可以决定沟通成败

看到本章的标题,你一定会感到非常惊讶。因为你想象不到,班级定位怎么会决定家校沟通的成败。如果没有两个班级的对比,我也不会发现班级定位竟然隐藏着危机。

只是,这次写作,让我认真地进行了反思。原来,只有恰当的班级定位,才可能变成一种机遇,而不当的定位则可能让班级危机重重。

第一节 定位失当的如血教训

如果不是个别家长投诉,如果不是我最后支撑不住,如果不是……其实,生活哪里有那么多的如果,结局就是最确切的判定!何况,教师不是圣人,教师也有自己的七情六欲,凭什么要求班主任的心理就特别强大?

躺在废墟上叹息甚至流泪,那将是更大的不幸,而真正的智者会从废墟中打捞有用的东西。因为生活还要继续,你我还得前进。

我不是智者,但我必须去剖析,因为我还有梦想,因为我必须从废墟上站立起来。

说实话,我至今依然认为8年前带的郁歧班是少有的好班。因为在按照成绩分班的背景下,11个班中,我们班的排名是第七名。在我带班的过程中偶尔考过第四名,大多数情况考的都是第三名,而且有一次总均分和第一名只相差6分。

可是,没人看到由第七上升到第四甚至第三的成绩,家长看到的只是第四名的结局。于是有些家长无法承受,所有的水都泼在了班主任身上。

是的,在很多人的眼里,结局就是一切,或者说,他们看到的最狭隘的结局就是一切,就是对你判定的依据。

不用解释,也不必解释。智慧的读者,一定会觉得有这个进步就可以了。为什么家长会出现不满意,这种不满意又如何得到蔓延了呢?

郁歧班有些特殊,孩子们都毕业于同一所中学——该学校是区域名校,他们认为能考进我所在的学校是委屈了自己。孩子们认为凭自己的本事不致上现在这所学校,而家长们也对孩子有些失望,觉得他们的孩子应该考上更好的高中。更可悲的是,为了迎合这种心理,我竟然也鼓励孩子们,使他们相信自己班级的入学成绩就是第三名,而没有告诉他们真实的入学成绩是第七名。我天真地以为,考进同一所学校的孩子,智商没有多大差距,只要心气儿上来,就可以赶超其他班级。

因此,大家齐心协力,一心拼搏要去追赶最好的班级,创造班级的奇迹。所以,第一次月考,我们考到了年级第三名,而且与第一名只相差6分。就是这次进步,让家长们看到了无限的希望,也似乎让我看到了光明的前景。于是,第一次大幅度的进步让家长们甚至包括我都认为一年之后,甚至不到一年时间,我们就可以拿到年级第一名了。

心想事成,有时候是一句让人容易迷失的话。

倘若真能如此的话,心有多远,人就能走多远。但世界是客观的,它会用最冰冷的事实告诉你:昙花的绽放是偶然的事情,不要幻想着它可以永远美丽。人可以以冲刺的姿态,获得跨越式的发展,但如果把冲刺当作永远的姿态,那就会成为一种悲哀。

看到进步,家长们几乎都认为孩子可以永远保持冲刺的状态,包括当时的我,哪里想过"永远冲刺"是不可能的事情。

期中考试的时候,我们依然是年级第三名,可是与第一名的分差拉大了。虽然当时没有任何一个家长非议我,非议班级,但有不少家长主动到学校和我聊天,分析其中的原因,同时也给我带来了精神鼓励。我当时何尝理解,这种"分析"恰恰是家长心理焦虑的体现,恰恰是以后陷入困境的萌芽。

第一学期期末,我们以完美的年级第三结束了。虽然总均分还在拉大,但班级的一本模拟上线率达到了最高。

过了春节之后，班级依然在别人艳羡的节奏中前进。只是，每一次考试我这个班主任都有一种如履薄冰的感觉，因为在一次月考中，班级的总均分被后面的一个班级超越了。我班从来没有考过第四名，竟然第一次考了第四名。

这一个名次的出现，带来的再也不是家长们的分析和鼓劲，而是质疑——质疑我的带班路径，质疑我的带班能力，有的家长甚至到校长处举报我，说我不负责任，包括作业量太少、作业不合理、教学方法不对，等等。家长们再也不是你的同盟军，而是瞬间站到了你的对立面（虽然是少数）……

人就是这么现实，好的时候，一切都好；出了问题，同样的事情，就会瞬间变成灾难。

这次考试的失败，让我倍受打击的不是分数，而是来自家长的让人费解的各种质疑。人说覆水难收，真的，如果此刻大家齐心协力努力一下，或许还有可能。但是这次失利带来的后果是可怕的：

几个爱打篮球的孩子开始自暴自弃，在不合理的时间打球，也在教室里拍起了球；几个本来信心十足、冲击更好名次的孩子因为此次失利而丧失了信心；科任老师开始用怀疑的眼光打量这个班级；家长和我之间的合力一下子变得涣散了。

到底是什么原因导致这种状况呢？我不往下写，你一定也能猜得到。

是的，不当的定位，让所有的人都认为自己可以达到更高的目标。正如打鸡血，它可以在极短的时间内取得超人的成绩，但是，一旦后劲不足，或者一旦遇到挫折时，就会丧失前进的力量。这种力量凝聚得快，涣散得也快。不恰当的定位是架在空中的楼阁，如果没有下面的支撑，那么迟早都会倒塌。

一个优秀的班主任要具备准确定位，然后找到一个个可以看得见、摸得着的前行台阶的能力。这样脚步才会踏实，班级才会一步步地走向成功。

学年结束的时候，班级总均分排第五名。虽然与入学的第七名比起来，还是有进步的，但谁还想得起入学时的第七名，家长的印象里只有从第三名下滑到了第五名。

于是，就有了本书开始时提到的校长室里的谈话。

于是，再接手羽翾班，我懂得了如何去做。

第二节　沟通中的班级定位艺术

接手羽翾班是一个新的挑战，因为这是一个年级最差的班。分班时最好的班级本科模拟上线率接近100%，而我带的这个班是0。

于是就有了前文提到的还没开学就有家长到学校闹事，就有了我和家长们的交锋，也就有了整个班级的死气沉沉。正如瑜在聊天本里写到的：

今天，我遇到四班（笔者注：这里指高一时她所在的班）的同学，她问我被分在了哪个班？我说："羽翾班。""啊，你怎么会被分到那个班！"从她惊讶的眼神里，我知道，她无限失望。是啊，在这个年级最差的班级，我不知道该怎样生活，我不知道我的未来在哪里！

失望的情绪最容易蔓延。何止是她一个人，每一个被分到这个班的孩子，当知道自己所在的班级是年级最差的班级时，都会有失望的情绪。

你是知道的，失望弥漫之处就有希望，因为人一旦绝望了，是不会产生失望的情绪的。

但我不能给他们太多的希望，郁歧班的故事绝对不能重演。于是，就有了我的第一次班会课演讲：

和每个人一样，我埋怨过别人对我的不公，我诅骂过别人对我的诋毁，我愤怒过别人对我的蔑视……

可是，今天，我不再这样，因为我明白了所有的结果都是自作自受，我明白了所有的后果都必须自己来负，我明白了所有的责任都必须自己来承担。正如我们班，你抱怨过你被分到了这个班，你还抱怨过高一时被分到了那个班，你应该还抱怨过你所在的这所学校。

可是，孩子，如果你初中用尽全力拼搏，你会考到这所学校吗？如果你高一努力奋斗，你会分到我们这个班吗？

不会，一定不会！一切都是我们自己一手造成的，我们有什么资格埋怨别人？没有，因为我们都不配去埋怨、去抱怨、去愤愤不平。

……

是的，我的目的就是让所有的孩子都认识到是过去犯的错造成了今天的结局，这样大家才能接受现实，而不去抱怨现实；才能在现实中勃发，而不再继续沉沦不去，造成更惨的结局。

正如阿里巴巴集团总裁马云所说："在人生的某个特殊时刻，你被某位导师狠狠地批评过、指点过，如果你是个有出息的人，那么你一定不会沉沦，而会奋力崛起。"

我相信崛起的力量，但前提是要明白自身的定位，而不是像之前的班级，为了让孩子们崛起，而没有让他们明白自身的定位，进而也给家长造成了错觉。哲人说，在同一个地方跌倒两次的人是这个世界上最愚蠢的人。我不是蠢人，我不想跌倒。诚然，我的孩子们也应该认识到，不能因为以前的不努力造成了现在的结局就一蹶不振，他们必须站在现实的起点上，和我一起出发！

如果一味地要求孩子们为过往承担责任，那么就会压垮他们。有后悔做心理的底色，还需要给予孩子们攀升的希望，这份希望不能太光明，但只要比现在的基点高，这就够了。

于是，我给孩子们讲述了我带过的高二（3）班的故事——一个基础比他们差很远的班级，一个数学平均分只有26.5分的班级，竟然在两年的时间内全部考上了他们理想的本科大学。这是谁也想不到的结果，但真的就实现了。

高二（3）班的故事是《做一个不再瞎忙的班主任》这本书的原型班级，我也希望和大家一起演绎新的故事。

讲述过往不是为了向孩子们炫耀，而是为了让孩子们从"失望"中看到希望，看到班主任的可信之处。

接着，我给孩子们讲述了自己的带班理念——小组合作制。为了让孩子们相信合作的极大潜力，我讲述了"大雁精神"。

现象：当大雁扇动翅膀时，它会为紧跟其后的大雁创造一股向上的动力。按照"V"字形飞行，整个雁群比每只雁单独飞行至少增加71%的飞行距离。

启示：具有共同的方向和群体意识的人们，会更快、更容易地达到他们的目的，因为他们是在相互推动下前进的。

现象：一只大雁掉队时，它会感到单独飞行的阻力，于是会很快加入队形中，以利用前者所提供的动力。

启示：作为人，如果我们具有大雁一样的见识，那么我们就会留在队伍中，而那些跟我们行进方向相同的人也会这样做。

现象：当领队的大雁感到疲惫时，队形中的另一只大雁就会主动充当领队。

启示：它们觉得轮流干艰苦的工作是合算的。头雁的职责是冲锋在前，掌握方向，调整路线，负责所有大雁的安全，而它自己并没有什么特殊要求！

现象：位于后面的大雁会不时发出鸣叫声，鼓励前面的大雁保持速度。

启示：作为人类，当我们处在后面时，会对前面的人说什么呢？加油！一起努力！

现象：当一只大雁病了或因受伤从天上掉下来时，另外两只大雁会离开队伍，跟着下来，以帮助和保护它。它们会守着这只大雁，直到它能重新飞行或死去，然后它们会给自己力量，再次出发追上自己的队伍，或跟随另一队大雁飞行。

启示：如果我们有大雁的见识，那么我们就会像大雁那样相互支持。

现象：如果头雁牺牲了，那么后边的一只大雁会主动顶替，其他的大雁绝不争权夺利，表现了无私的梯队精神。

启示：大雁不像人一样还要选举投票，考核审批；不会做出论资排辈、世袭钻营的行为。

这也是在告诉所有的孩子，虽然我们不是优秀的班级，但是我们可以在"废墟"上建起大厦。前提是我们必须团结一致，必须凝聚在一起，才可能让自己发展得更好，才可能最大限度地接近理想。

降低目标，同时给予希望，这样我的孩子们就可以在自我定位明确的基础上，满怀希望地向前走去。

第三节 "打鸡血"与"打点滴"的不同结局

如果你因偶然的机会，听过我的讲座，你一定会记得，我告诉过很多朋友——"打鸡血"可以获得成功，但不会一直带来成功。

郁歧班，便败在此处。羽翾班，我采取了不同的策略。

是的，正如你能想到的，在羽翾班，我是小步慢跑。

我给孩子们讲述的高二（3）班的故事，第一个倾听对象其实是家长。给家长讲述那段故事，诚然也不是想让家长们把希望单独"捆绑"在我一个人身上，因为一旦捆绑了，悲哀也许就会来临。正如你去救一个溺水的人，彼时你是他的救命稻草，但他也有可能把你拉下水去。而最好的办法是相互搀扶，也就是我们日常所说的同舟共济。

我对家长们说，高二（3）班学生的基础非常差，是从年级里挑选出的后进生，后来之所以能够取得成功，就在于以下几个协作——

学生和班主任合作：不给彼此添麻烦，班主任要善于发现学生身上的闪光点，引导学生在作业本后面给科任老师点赞。

家长和班主任合作：有步骤、有计划地为孩子的发展和进步点赞，为科任老师点赞。

家长和孩子们合作：家长们在家里要注意引导孩子们的情绪，尤其是当孩子们表达出对班级或者老师的不满时，家长一定要学会正面引导，而不是顺着孩子的情绪走。

家长和家长合作：不散播不利于班级发展的言论，大家要齐心协力为班级做事，而不是走向相反……

这一系列合作平台的构建，才使学生一直有信心，使老师一直有动力，也才有了后来出现的结果。

我们不需要"打鸡血"，我们需要的是"打点滴"，这样才能构成班级的可持续发展。

第一次月考成绩出来之后，羽翾班没有多大起色，只有数学平均分高出年级平均分5分。此时，整个年级的家长群里都在讨论我们班是怎么作弊的。班级的家长也有些不太相信，但我还是按照之前的"打点滴"计划，继续给孩子们送去鼓励。

那天，佳妈特意买了很多巧克力，孩子们每人三颗，科任教师每人一盒（后来老师们还是把巧克力分给了孩子们）。佳妈说：

这些巧克力，是对大家这一阶段努力的鼓励，虽然我们没有取得本科模拟上线率的突破，但是你们的努力，老师和家长都看得到，尤其是数学，你们高出了年级平均分5分。这是老师的功劳，更是大家努力的结果。别人可以怀疑你们，但我们家长相信你们！

这里，家长们并没有因为本科模拟上线率没有提高而感到失望，因为我这个班主任从来没有给予他们快速进步的期望。但是家长们能发现孩子的闪光点，让这些亮点点亮孩子的前程，而不是靠打鸡血获得暂时的成功。

接下来的期中考试，我们的本科模拟上线率由0%提高至18.18%。这个时候家长和孩子们都有一丝的喜悦，这意味着班上六分之一的孩子可以上本科。如果按照这样的进步速度理想化地计算，那么只需一年半的时间，班里人人都可以上本科了。这是一种疯狂的计算方式，如果此刻班主任迷失了方向，也认为可以如此神速，那就是莫大的悲哀。

当人们的期望值因打鸡血现象被抬高的时候，就是风险正在酝酿的时候。

第三章　班级定位可以决定沟通成败

郁歧班的成功曾经让我伤痕累累，此刻，我绝对不能让家长和孩子们有任何不切实际的幻想。正好我可以借上次被别人认为作弊的、超出年级平均分5分的数学说事儿——

为什么我们超过年级平均分，别人就认为我们是在作弊，而六班超过年级平均分就被认为是正常现象？大家可能不服，会愤愤不平。我特别想说，我们没有资格去愤愤不平。堵住别人嘴巴的最好的方式，不是高分贝地去争辩，而是默默地让自己做得更好。如果我们这次考试也超过年级平均分5分，那么别人还会说吗？如果我们接下来每次都会超过年级平均分5分，那么别人还会说吗？不会！这次我们语文和英语成绩提高了，而数学只是持平而已，那说明我们的数学并没有达到高位的水平。同样，我们有了这一点进步，也不是真正实力的体现。

这些话说给孩子们和家长们听，他们都能接受。期望本来就是一把双刃剑，既可以让人往好的方向发展，也可以让人膨胀自失。但是不管怎么说，班级的整体进步，还是让人看到了希望。

接下来的月考，我没有对成绩给予太多的关注，自然也就出现了成绩的下滑。和前一个班级不同的是，成绩下滑并没有引起任何一个家长的"举报行为"，而被大家认为这是相当正常的事情，因为孩子在短时间内的大幅度进步，不会是真实实力的体现。

当家长的脉搏和班级发展轨迹一致的时候，无论是起还是伏，大家都可以接受。这样反而会使家长进一步相信班主任的判断，也就坚定了家长支持班主任的决心。当心态放平了，节奏才会正常；当节奏正常了，家校之间才会有健康的心跳共振。

后来班级发展的过程也伴随着起起落落，但无论如何，家校从来没有产生过矛盾。因为起伏只是表面呈现出的细节，在大家不断地为班级发展、为教师工作"打点滴"的过程中，班级是呈螺旋式上升的。

让家长接受这种螺旋式的上升过程，是每一个班主任应该注意的问题；让家长看到上升的结果，也是每一个班主任应该达到的目的。如果不接受班级发展的螺旋过程，哪怕最终结果是上升的，家长也依然会拿最高点与你的现状进行对比，那么你终究还是个失败者；如果无法呈现上升的最终结果，即使你治班方略高人一等，跟家长说得天花乱坠，家长也不会对你产生真正意义上的信任，因为"结果"才是他们最终想要的东西。

中 篇
沟通之三经四纬

家校沟通，表是沟通，里是做事。一个班主任的做事理念和做事能力才是核心，因为家长关注的是孩子的进步、班级的发展，而不是你说了什么以及如何说的。三经四纬，才是沟通之道。

中篇

发明之权利

第四章 家校沟通的情感与生态经线

细心的读者一定可以从前文的叙述中,发现一些沟通的小技巧,比如在那次高大上的研修活动中,我离开时给家长群发的短信;比如我和羽翾班家长第一次面谈时对班级的称呼;比如我一贯对家长的称呼……是的,这些都是沟通的技巧。

我懂得这些技巧,也对这些技巧运用自如。毫不夸张地说,8年前带郁歧班的时候,我就可以将这些技巧运用自如。可是,最终还是失败了,原因在哪里呢?

你手上可能拥有很多颗美丽的珍珠,但再多的珍珠都不是项链本身。家长看重的不是你怎么去和他们沟通,而是要看到在你的带领下,班级的进步和孩子的收获。让家长感受到实实在在的变化,才是家校沟通中最重要的东西。

所以在接下来的几个章节,我将和朋友们分享我总结出来的"三经四纬",它们才是我认为的家校沟通之"道"。原谅此时的我把它们称之为"道",一则因为这些是抛却"小技"之后的"大策略";二则因为在当下的羽翾班,这些沟通之道取得了实实在在的效果。

你可以不赞同,姑且让我说下去吧。

第一节 对那场离心离德的反思

坦率地说,在带郁歧班之前,我从未如此用心。因为我的做事原则是:要么不做,要做就做到最好。

时过境迁,我再有本事,也不可能从现在穿越到当初的时空。庆幸的是,我现在明白了,也不算晚,至少我的经历可以让读者不在这个地方摔跤。

家校沟通，没有痛过你不会懂

在带郁歧班时，关于家校沟通，我重点关注的是家校关系的构建。那时，我和家委会的家长们一起喝茶聊天，谈人生，谈感情，谈我在苏州这座城市里的孤独和奋斗的经历。我试图构建一种"朋友式"的家校关系。记得我对很多家长说："我不求各位感谢我，我只希望孩子毕业之后，我们依然可以做朋友。"所以，我真心地把每个孩子都当作自己的孩子。

我重点和家长们谈的还是班级的前景，要构建的是这样的教室：

有人性的温度。给每个孩子一种家的氛围，大家在这样的群体环境中默默奉献，相互帮助。没有等级区别，没有歧视恶意，有的只是温暖、善良，甚至慈悲。

有自由的空间。我会给孩子更多的锻炼机会，让每个孩子在做事的过程中规避"无事生非"的风险，让每个孩子在做事的过程中锻炼自己的综合能力，提升自己的综合素养，调节好自己和他人之间的关系。因为人人都有事情做，所以用不着严格僵化的班规；因为人人都有事情做，所以人人都是忙碌的；因为人人都有事不生非，所以人人也都是自由的。

有成绩的保障。俗话说"分儿分儿，学生的命根儿"，其实分数更是家长的"命根儿"。我会让每个孩子都获得较好的成绩。

诚然，这是非常美好的教育图景，自然也凝聚了众多家长的心。尤其是在初期，在班级不断取得"辉煌"的时候，家长们更是热情高涨，他们会到处宣扬自己孩子所在的班级是多么的优秀，自己孩子的班主任是多么的优秀。可是，一旦遇到了挫折，班级发展出现了起伏，一种隐形的矛盾就会凸显。

这不是人性的悲哀，更不是家长们的错。因为，家长能够直观感受到的就是孩子们成绩的变化。虽然我给家长描绘了一幅美好的图景，但是我这个班主任没有给家长们展示任何抵达前方的路径，或者说，家长们也是被美好的图景吸引，而忘记关注如何从"现在"抵达"目的地"。所以，当班级出现困难时，他们就开始失去信心，开始动摇，甚至开始"反思"班主任的每一项工作，还会把每一项工作给你扣上不负责任的帽子。

例如，班级生日会时，为了锻炼孩子们的能力，我一般都不会参与其中，只是放手让孩子们自己策划。但是，到了班级出现困难的后期，这就成了一种罪过——连孩子的生日会都不好好组织，这是什么班主任，怎么能带好班？又如，他们会把向家长征求意见，视作班主任的无能——自己不会带班，就知道请家长帮忙。总之，班级不出问题，这些都不是什么事儿。一旦班级出了问题，不是事儿的也都成了事儿。

随着班级的起伏变化，家长们的心态也在不断地变化，矛盾也就日益凸显。原来很多跟我关系密切的家长，也开始渐渐疏离。尽管部分表示理解的家长从中劝说，但依然改变不了这种关系的颓势。

没有别的原因，怪就怪我这个班主任只知道跟家长谈感情，而忘记了没有成绩，感情便是一地鸡毛；只知道给家长描绘图景，而不懂必须让家长感受到抵达图景的路径，这样才能获得真正的认可。

接手新的班级，我明白了：家校沟通，绝不是沟通"关系"这么简单，更不是拿出一幅图景就可以凝聚人心。经纬勾连，才是家校沟通的核心手段。

第二节　家校沟通的情感经线

沟通，并非表达出来了，就可以"通"；也并非你认为"通"了，就真正"通"了。《信仰》一书的作者高德说："信仰，是最高的规则。"其实我想说，信仰，也是最基础的沟通。作为班主任，有必要让家长产生一种"信仰"——让每一位家长都可以从此岸的此地，观望彼岸的美好。

诚然，有信仰的前提是要有信任，而产生信任的前提是要有情感。是的，我要和朋友们分享的第一条经线，便是情感线。一个班主任必须让家长明白，你是一个自始至终都在踏踏实实做教育的人。

很巧合，接手羽翾班不久，《新校长》杂志约我写一篇题为《我如何开悟和践行班主任的最高使命》的文章。我把其中三分之一的内容，读给了我的家长们听——

"很遗憾，胎儿身上有现在很少见的弓形虫，出生后不是有智力缺陷就是有身体缺陷。"医生用充满歉意的语气告诉我们夫妻俩。

那是2004年12月,在江苏无锡的一个传染病研究所里发生的事情。

无数个日子我的头贴近妻子凸起的腹部幸福地喊着的宝贝难道会有某种缺陷吗?我和妻木木地走出研究所的大门。就在即将跨出门口的刹那,妻子的眼睛里放射出一种狠狠的坚毅:"老公,无论孩子有没有缺陷,我们都要把她生下来,因为她是一条生命,她是我们的孩子。"没有言语,我只有紧紧地握住妻子的手。妻是一个感性而善良的女子,对于她的每一个决定我都尽力地去支持。

2005年5月,女儿的健康到来,让我的世界里阳光一片;但也让我深深地明白:一个孩子能够出生是一种奇迹,能够健健康康地出生更是一种奇迹,而能够在生命的旅途中与我相遇甚至相伴则是更大的奇迹。所以,我珍视每一个和我相遇的孩子,我懂得了敬畏每一个孩子的生命。

遇到杰,是2005年之后的事情。

刚带那个班,就有同学和同事告诉我:"千万不要去惹杰,也不要去联系他的爸爸,他是半个疯子,他爸是一个疯子。"

奇怪的是阿杰逃课那次,我不得已拨通他爸爸电话的时候,电话里传来的竟然是爽朗的笑声和爽快的回答:"感谢梅老师,凡是你的决定我都会支持。"这和疯子完全不搭界。但接下来的数学考试似乎印证了阿杰是半个疯子的传言——0分。你信吗,高中生数学可以考0分?但这就是事实。

这次事件的出现也让我了解到了阿杰和他爸爸成为疯子的原因。曾经一次家长会上,身为"差生"的阿杰自然就成了班主任和科任老师"投诉"的对象。面对各个老师几乎众口一词的不可救药、不可理喻之类的话语,以及伴随的唉声叹气,阿杰的爸爸发作了。当着办公室那么多老师的面,他拍案而骂:"只有你们这些差劲的老师,才教出我儿子这样差劲的学生;只有你们这个差劲的学校,才有你们这群差劲的老师。"老师们惊呆了,结果就是他爸爸被认为是个疯子而阿杰自然也就在老师们的视野之外了。自然,他的数学考0分也不是什么奇怪的事情了,因为他基础差,因为他之后更加的自暴自弃。

和阿杰的第一次谈话很简单——

"兄弟,"这声兄弟他颇为一愣,"如果我告诉你我在初二时数学只能考

第四章 家校沟通的情感与生态经线

0 到 20 分，你相信吗？"

"不信！"没有任何犹豫。

"人格担保！请相信我的人格。"我的话很坚决，"但中考时我的数学是满分，你信吗？"他没有回答，而是面无表情地看着我。

"你肯定想知道奇迹是怎么发生的？"他的回答依然是沉默。

"你想不想学好它，这是关键。"说到这里，他的眼神告诉我，他对我是不屑的，因为"关键是你想不想学好它"这类话，不知道被多少老师说过多少遍。他要的是实实在在的方法，而不是这些空话。

"你一天问同学或老师一个题目，选择题和填空题不算，要有详细的解题步骤，记录在一个专门的笔记本上，然后讲给我听，能做到吗？"

"能。"他抬眼看了我一下说。

"那好，明天开始就这么做。如果期中考试你考不到 30 分，那我请你吃饭；如果你超过 30 分，那你要请我吃饭。"没有商量的语气。我递给他一个笔记本后，就开始了我们的"合作"。

他每天问别人问题，然后整理在一个专门的笔记本上，再讲给我听。每天如此，每天如此。

两个月后的期中考试，他数学成绩竟然考了 45 分，真的超过了 30 分。我没有在班上表扬他，因为这不是一个值得表扬的分数，而且我懂得有时候表扬的作用是相反的。那天中午我带他出校门，让他请我吃了碗兰州拉面。

在班级召开的家长会上，我第一次见到了他的"疯爸爸"——一个瘦骨嶙峋、不修边幅的男人。还没有言语就给了我一个大大的拥抱："梅老师，你救了阿杰，救了我们全家啊！"因为阿杰逐渐懂得了如何去学习，因为他的爸爸感受到了孩子的变化。

教育从来都不应该存在拯救学生的说法，只有老师，尤其是班主任是否懂得尊重生命、敬畏生命的区别。一个懂得敬畏生命的班主任，就一定能感受到每个生命的独特，就一定能让每个孩子灿烂出属于自己的春天。

但，敬畏生命的前提不是敬，而是畏。因为"敬"其实含有"我施"，敬与不敬的主动权在我；而"畏"的主动权不在我，而在彼。然而教育的现实是，班主任总是以师长自居、以智者自居、以先知自居；总是从主观出发告诉孩子们该怎么做。因为班主任总是认定自己应该"为人师表",自己就应该是学生成长的模板;总是认定自己是"人类灵魂的工程师",因此就以自己的认知来构建孩子的未来。

一直喜欢德尔菲神庙上那两句话:认识你自己,凡事勿过度。前者是认知,后者是实践。认知是前提,如果忽视了这个前提,就会走入做事过度的误区。这里的"度",其实就是一种准则,就是"我该做什么"。如果一个班主任或者说一位教师不能认识自己,那么就不可能懂得"我该做什么"这个核心问题。因为教育当中我该做什么远远比我能做什么重要得多。在错误的道路上走得越执着,犯下的错误就可能越大,只有在正确的道路上走得勇敢,那才叫智慧。

真正去审视自我,是源于与自己女儿的朝夕相处。一次对她严厉地批评之后,她竟然眼含着泪珠给我送来了一瓶牛奶,还说:"爸爸,我原谅你了。"虽然她不懂得道歉是什么,但她对我的原谅还是触动了我的灵魂——孩子的世界,远远比成人的世界纯净得多。难怪有人说"儿童是成人的父亲"。于是我就大量阅读与儿童相关的书籍,于是就遇到了蒙台梭利。在她的成长圆环中,一个初生的儿童处于成长圆环的蓝色区域,更趋向内环红色区域,而红色区域代表的恰恰是真善美。成人处于蓝色区域之外的白色区域,更容易趋向外层深红色区域,而深红色区域代表的恰恰是假丑恶。如此说来,成人,哪一个有资格要求孩子们按照自己的方向前进呢?

何况,教师大都是出了校门便进校门的,相对于广阔的世界,我们的知识视域和思维视域都有很大的局限性。用自己有限的东西去引领众多的孩子成长,这是多么荒谬的事情。可是很多人不愿意承认这个事实。

从儿童心理现实来说,老师改变一个孩子真的那么容易吗?孙绍振先生说:"一个人的心理结构,其内在的结构,从表层到深层都具有相当的稳定性,即使外部条件有了某些改变,例如,父母的责备、老师的鼓励等,人物的心理,在表层也可能做出一些调节,例如痛下决心、用功读书之类,但是其深层是超稳定的,表层的一般调节不会影响到深层的稳定,因而表层的调节,尽管是真诚的,但用不了多久,就会被深层结构的反调节所消解。"一个孩子的内在心理结构的稳定性是在7岁之前形成的。也就是说,改变一个孩子没那么容易，不要盲目夸大老师的"教育功能"。

总体而言，无论班主任的人格、视域，还是学生的心理现实，都决定了班主任没有资格告诉孩子要按照自己的要求去生长。所以班主任要懂得敬畏生命，要懂得畏惧生命。我们不能轻易对孩子的成长指手画脚，更没有资格去严格规范、盲目要求孩子的成长。因为你给的方向不一定正确，因为或许你自己都不知道真正的方向在哪里。人生没有回头路，成长来不得试验。所以我们不能站在那里去"引领"成长，谁都没有资格轻易地这么做。那么，班主任该做什么？就是俯下身子为孩子的成长搭建平台。如果说孩子是一粒粒的种子，那么班主任应该做的是给孩子提供土壤和肥料，而不是给学生制定一个标杆和成长的框框。

2009年我遭遇了高二（3）班。

这是一个借助高二文理分科，从各个班级抽出来的"后进生"组成的36人班级。这个班有文科生、理科生，还有艺术生，每个孩子都可以"独当一面"。高二第一次摸底考试，在总分440分的情况下，我班总均分只有164分，其中数学均分只有26.5分。

是的，这是一个被人放弃的班级。校长给我定的目标是"只要不出大事就行"。我不想说我很高尚，看到一个个"奇形怪状"的学生，我也头疼。但是没有办法，因为我已经做了这个班的班主任，因为我深深地懂得一个孩子能够出生是一种奇迹，能够健健康康地出生更是一种奇迹，而能够在生命的旅途中和我相遇甚至相伴则是更大的奇迹，所以和这些孩子相遇，是奇迹中的奇迹。更重要的是因为我的脑子里有一种理想的班级生态存在，有一种美好的图景存在。

这种理想的班级生态就是我所提倡的班级委员会制度，而这种美好的图景就是让每个孩子都能够在我们的班级里自由地、快乐地、最大限度地成长。这个由"精英人物"组成的班级，不但没有因为事故频发、乱子不断而沉沦不堪，反倒成为了贫瘠的土地上硬生生开出的异样的花。

2011年6月底，高考成绩出来之后，高三（3）班以本科上线率100%的成绩创造了奇迹。填报志愿的那天，我们一帮人拥抱在一起号啕大哭，真的号啕大哭。因为在争取尊严的路上，我们的孩子承受了太多；在争取成功的路上，我们付出了太多。在半年后完成《做一个不再瞎忙的班主任》的书稿的那个凌晨，我竟然也躺在书房的椅背上泪流不止。

两年的路，好苦！但这两年的经历，对每个人来说都将是一生的财富。重要的是，这场实践让我更加坚定了"不负生命相约"的信念，俯下的是为孩子们做土壤、做肥料的身子，而站起的却是做真教育的灵魂。

"有英雄走过的地方，就会有人在路边鼓掌。"一个个与我生命有约的孩子，就是我的英雄。

甘愿，我坐在路边为你们鼓掌。

哪怕，把手掌拍得通红、生疼！

以不负生命的相约！

把情感袒露给家长，不是想唤起家长们的同情，抑或共鸣，而是想构成带班的一条经线，让家长感受到，这份情感和责任心将贯穿和孩子相遇的整个过程。

相对于另外两条经线，情感这条经线只是起点而已。当然，我知道，很多朋友会把情感线的构建当作家校沟通的全部。

第三节　家校沟通的生态经线

当下教育有一种悲哀就是：能力不够，情感来凑。以为情感就可以掩盖一切，甚至以为情感就可以带来班级的优秀和家长的认可。

倘若如此，只要有了第一条经线，就可以把班级带好了。事实远非如此，正如前面提到的，在带郁歧班时，我也是尽了心的，而且可以说是带所有班级里面最尽心的，结果，我还是失败了。如果用情感来打地基，那么家长们最想看到的是你在这片地基上起什么屋、如何起这座屋，而不是仅仅把地基当作屋。

是的，如你看到的本节标题时所想到的，班级生态构建及其特征就是我给家长们明示的第二条经线，其实它也是家长们最关心的事情。

所以，在很多次讲座交流中，我会告诉朋友们——班级的生态构建，才是家校沟通的核心要素,没有之一。

为了让家长们明白我的带班路径,在第一次和家委会的几个代表沟通的时候,以及在第一次家长会上,我都跟家长们说了我的带班设想。

首先,我准备采取的是合作学习的策略。从20世纪五六十年代美国人寻找教育出路,试图同时解决教学效率和民族阶级矛盾两大问题的历史讲起,谈了合作学习的价值和必要性,认为合作学习才能扩大"最近发展区",兼顾学业成绩提升和孩子们综合素养的提升,两条腿同时走路。

其次,我给家长们讲述了合作小组的分组方法。虽然讲起来很麻烦,但我还是耐心地给全体家长解释,因为只有解释清楚了,家长们接受了,才能让家长们明白班级将走的是怎样一条路,他们才有可能一直和我肩并肩地走下去,这是家校沟通的核心要素之一。

这里,我也有必要详细地向正在阅读的你进行汇报,因为我认为它至少是目前较佳的班级生态,你可以从中获得些许启发。请看下面的表格。

组别 科目	第一组	第二组	第三组	第四组	第五组	第六组
数学	1	2	3	4	5	6
英语	2	**3**	4	5	6	1
语文	3	4	5	6	1	2
科目一	4	5	6	1	2	3
科目二	5	6	1	2	3	4
科目三	6	1	2	3	4	5
备注	数字是某次期末考试的单科成绩排名,如果某个同学同时有两门或两门以上的学科排名是同一个位置,那么只选其中一门学科,而另一门学科的位置则由后一名同学填补。					

以表格中加粗的3为例。从横坐标看,他是班上英语总分第三名,而从纵坐标看,他则是第二小组的英语第一名。这样,这个同学就担任这个小组

的英语科代表。此时，这个科代表的角色，不再是简单负责收作业、发作业和传递英语老师的话语，而是在负责这些工作的同时，还兼顾本组英语学习计划的制订和执行、学习资料的购买、学习任务的分配、课堂笔记的整理、错题集的整理甚至包括小组测验的命题等一系列工作。也就是说这个小组里英语学科学习的好坏和这个同学直接相关，他是第一责任人。同样我们可以发现，其他同学也都具有这样的特征，也都担任着同样的小组科代表角色。

为孩子设置这样一个角色有两大好处：

第一，在班级群体情境中，每一个孩子扮演的是同样的角色，他们的地位是平等的。在当下的中国，教育的平等不是受教育机会的均等，而是在一个群体情境中，每个人的心理是平等的。只有在心理平等的环境里，才不会产生不平衡，也才不会产生这样或者那样的矛盾。

第二，每个人都扮演着非常重要的角色，这个"非常重要"会让每个孩子都有存在感，感觉到被重视。这种自我价值的认同非常必要，因为任何差生和存在心理问题的学生的产生，在一定程度上都和被忽视有关。如果每个人都得到重视，都能感觉到自身的存在价值，那么每个人都会昂起头来做事、做人。尼采说："真正的人文就是不让他人蒙羞。"同样，真正的教育，也一定是让每个人都昂起头来做人的教育。

这两大好处的阐释，让本来由后进生组成的，甚至因自己的孩子被分到"差班"而略有不满的家长们信心倍增，他们仿佛发现了救命的稻草，仿佛看到了前程的无限光明。

仍以表格中加粗的3为例。他是这个小组的英语第一名，同样也可以证明其他同学也分别有自己的"第一名"。每个人都有自己的长处，同时也有自己的不足。这种先天的结构性互补，使得每个孩子必须相互帮助才能共同进步，而有一个人脱节，就会造成整个小组成绩不理想。如果这个小组内有一个同学会，那么就能教会其他同学。这样班级里就不会出现绝对的差生，就会形成家的氛围，让每个孩子都有情感的归宿。每个孩子因为拥有上面提到的存在感和此刻的归属感，而活出健康完美的自己。

第四章 家校沟通的情感与生态经线

很明显，对成绩特别差或者有一定心理障碍的孩子的家长来说，这是一种莫大的安慰，因为这种班级生态可以解决最让他们感到头疼的问题。对于家长来说，还有什么比这更重要的吗？所以，与家长沟通，技术是末节，而满足家长的最大期望才是核心的东西。

从纵向来看，每个小组都有1—6几个数字。这代表着各个小组的学业成绩基本平衡。这样就可以让每个小组在同一个水平上展开合作与竞争，尤其是小组之间的竞争。合作是内部潜能的激发，竞争是外部动力的给予。这样就使得班级整体具备了争取上游的可能。

无论现状多么不好，每个人都有向上的渴望。诚然，我们的家长也是，尽管孩子在当下不理想，但他们还是怀着无限的美好，期待着孩子的未来。这样的分组方式，为每个人的期待增添了不少砝码。自然，这些砝码也提高了家长对班主任的信任。

这是规避了管理班级的"金字塔结构"和"自主管理的平行结构"两种弊端之后的第三种班级生态，它是建立在学生心理需要基础上的较佳生态。正如加利福尼亚大学教授格拉斯所言："人都是被潜伏于内心的四种心理驱动，它们分别是归属的需要（归属感）、力量的需要（存在感）、自由的需要和快乐的需要。重点是归属的需要和力量的需要，自由的需要和快乐的需要则是归属的需要和力量的需要的自然产物。"这种班级生态较好地给予了孩子们归属感和存在感，规避了当下教育中的很多不足。家长们在感到新奇的同时，也会感觉到较强的可行性。

不错，这样的班级生态构建，完全可以把家长的心收拢到班主任身上，因为他们看到了希望。如果此刻你就认为搞定了家校关系，那恐怕有些过于乐观了。

我永远忘不了郁歧班——是的，8年前的这个班，当家长们把所有的期待都集中在我的身上后所演绎的悲剧。作为班主任，我们可以用自己的工作方式或工作思路，吸引家长的目光，但绝对不能让家长认为你就是那根救命稻草。

否则，你将会扛起众多的希望，而一旦遭遇挫折，就会如我一样一败涂地。

因为经历，所以懂得。我懂得在带班的过程中，如何让家长和我一起扛起希望的大旗，承担可能的风险。只有同舟共济，才会相互理解和珍惜。

第四节　家校合作的互赖建立

班主任可以是班级这座大厦的设计师，但绝对不能做建设大厦的泥瓦匠。否则，你设计的大厦不好，家长们一定有意见；你设计的大厦好，家长们则会期望你建设得更好。

而最佳的方式，应该是共同建设。共同建设的前提则是互赖，即相互依赖，它是合作学习最关键的因素。没有互赖的建立，再好的蓝图也只能停留在纸上，而无法落实在行动中。

一个班级的良好发展需要结构互赖、信息互赖、情感互赖、过程互赖、资源互赖、评价互赖等。虽然这些互赖的建立可能不需要家长，但带郁歧班的教训让我明白，我必须把家长带进互赖的"场"内，只有这样才算真正参与到班级的建设中来，也才会真切体会到班主任的工作情况。

在班级进行分组之后，有几个孩子不想和他不喜欢的人在一组。在笃信了我的带班理念之后，我就让每个家长给自己的孩子做思想工作，让家长在这一过程中感受存在的"困难"。

接下来，在家委会的协助下，我根据学生分组，也对家长进行了分组，即学生的分组形式，也是家长的分组形式。结构互赖、信息互赖和过程互赖等可以在小组内部解决，但是，情感互赖等就需要家长的参与。因为没有情感的互赖，孩子们之间的相互帮扶就很难实现。

于是，根据行为心理学，我让家长和孩子们一起进行小组文化设计。我们设计了组名、组徽、组训、组服、组诗、组宣言、组誓约、组学习计划等13个项目，每4天进行两个项目的展示。这样，展示完这13个项目，一共花了28天的时间。根据行为心理学，21天可以形成一种习惯，而28天的小组合作，让每个小组的成员之间形成了凝聚力，家长之间也形成了凝聚力，学生和家长之间也形成了凝聚力。这样，一种源自家校一体的情感互赖便形成了。

这是合作学习最需要的情感状态。因为合作学习的效果取决于前置性学习的效率、效果和量度，而前置性学习有50%以上需要家长的支持。尤其是周末的小组合作学习，需要家长的考评和协助，需要家长负责安全。这样的情感互赖的建立，可以确保前置性学习的有效落实。

家长们在参与小组文化设计与展示的过程中，也增进了了解，增强了友谊，自然也为解决班级学生之间出现的冲突，奠定了良好的情感基础，更为班级小组的社会实践活动，以及其他拓展活动的开展提供了保障。

同时，这种情感互赖对于孩子的身心健康发展起到了不可忽视的作用。后文我会谈到一个叫枫的孩子的故事。原来这个孩子有些孤僻，甚至可以说有些自闭症倾向。正是在这种情感互赖中，他从小家走向了大家，成为了群体中的一员，从而慢慢地从封闭的自我走了出来，走向了自信和阳光。班上不少孩子的品行和心理的变化都得益于这种情感互赖的建立，诚然也促进了情感的进一步互赖。

资源互赖的建立，更需要家长的参与。每个小组都需要自己的学习资料和活动经费，例如周六一起学习的午餐费等。由于每个小组的具体情况不同，所以绝对不能采取班内统一收取的办法，这样就需要组内家长建立资源储备资金或者采取其他协调办法。家长们参与其中，可以做到明晰有据，而不会因盲目收取班费造成各种不必要的猜疑。

评价互赖是最重要的。教育评价是合作学习可持续发展中最核心的要素，但合作学习的评价是有讲究的。作为评价执行者的老师，只能在小组层面进行评价，而不能到小组内部进行评价。因为在小组内部进行评价会制造矛盾，而在小组之间进行评价则会促进进一步的合作。

除了学业评价之外，我们会对每个小组的综合性学习、拓展性实践活动等进行评价。例如，关于苏州本地文化探究，有的小组实践了，那么小组成员和家长都会得到相应的认可证书，而没有实践的小组，自然就不会得到这一证书。这种活动的开展，绝对离不开家长的参与。而互赖的评价方式，又能进一步促进家长的参与。

就是在这种互赖的建立中，家长之间不再产生隔阂，而是有了深厚的感情。

在关涉班级重大事务时，家长才能够群策群力，一起把事情做好。例如本书开篇羽翾班那次高大上的活动，就是家长资源互赖、情感互赖等的体现。活动邀请到这么多专家，并非一人之力可以做到，何况又是不收取任何费用的培训。如果发挥全体家长的力量，那么就可以把不可能变为可能。同时，要组织一次大型活动，有千头万绪的工作要做，如果没有互赖程度相当高的团队，谁可以顺利地完成？

很多人会产生疑问：梅老师，你们班的家长怎么都如此主动？这里，我可以给你答案了。因为我不再是那个以为画幅图景就可以吸引家长的班主任了，失败让我成长，经历让我懂得。

年轻的班主任朋友一定要懂得，尽可能地把家长带入你的班级，而不能仅仅把你自己带入班级，家长只是一个旁观者，或者仅仅是一个协助者。家长的参与程度越高，就越会设身处地地理解你。如果你可以构建起更加完美的班级互赖，让家长也成为互赖整体的一部分，那你就成功了。

当我写下这段文字的时候，培妈给我发来了在家长组织的带领下，孩子们井然有序自学的照片。别忘记，这可是孩子们在暑假里的表现。

在暑假里能够如此学习，完全靠班级的生态改变和互赖机制的建立也不见得一定能成功。格拉斯笔下的"力量的需要"还有第二层含义，即内在驱动力的激发。

作为班主任，你必须懂得给家长一艘从此岸到彼岸的船。

船，才能够坚定家长们的心。

第五章 家校沟通的动力经线

坦率地说，上一章主要介绍了班主任对家长描述的一幅美妙的班级图景和粗线条路径，正如一个企业员工向领导汇报工作，绝对不能简单地说"这是我的设想，包括这几点优势"，领导需要看到的不仅仅是设想和优势，而且包括如何把设想和优势贯穿起来，成为一个完成的整体。自然，家长不是我们的领导，可与家长沟通不畅的时候，恐怕要比跟领导沟通不畅的后果更严重。

家校沟通更是如此，你可以有美好的蓝图，家长甚至也会认可你的蓝图，但是如果没有实现这一蓝图的路径，如果出现困境，那么家长就会疑虑重重。到达理想的彼岸需要一艘渡船，但你必须让家长看到你的渡船具有良好的动力，因为没有人会相信一艘破船可以抵达遥远的彼岸。

但是，船不能只是由你来掌舵，必须让家长和你一起上船，这样才会风雨同舟，和衷共济。前行的路上无论遇到什么风险，都不会由你一个人来承担。

第一节 必须和家长说通的那点事儿

每一位家长都希望自己的孩子可以精神振作，但很少有家长去躬身反省家庭教育给孩子带来的影响。正如很多人会把问题往外推一样，即便推向了外部之后，结果不理想时，依然会从外部寻找原因。

这就是家校沟通的困难之处，很多家长把问题推给老师，自己却不愿意承担责任。老师也很少有把家长"引入"的意识，最多只是让家长做"配合"的角色。

8年前在带郁歧班时，我也部分地采取了下面几节将要介绍的做法，可是，我没有对家长讲明,更没有把家长引入。就像一台机器,开始启动时动力十足,但过不了多久,就有异样的声音传出,更有甚者到校长处举报,说我对孩子们进行传销式洗脑。"洗脑"是一个已经变了味的贬义词,在墙开始倒下的时候,我凭一己之力,根本无法向任何人解释清楚,因为没有人能相信你。正如哲人说的:相信你的,不用解释;不相信的,解释也没有用。

为了规避前辙,我给家长们写了一封公开信,因为这是我必须要向家长们说明的事情。

致××班家长的公开信

各位朋友:

感谢大家的支持。带班以来,我们的心贴得越来越近了,这源于我们一起规划了班级发展的路线,源于我们一起打造小组文化等。这里,我唯有发自内心地去感激,感激您对我的支持,也感激您愿与我风雨同舟,和衷共济。

不知道您有没有发现,每个人身上都有自己固有的缺陷,或者叫毛病。我们总是试图改变,但是最终又改变不了。咱们的孩子也是,你会发现他身上有这样那样的不足,从小学到初中,这种"毛病"都没有被改掉。作为家长,我们也试图努力让孩子改变,可效果总是寥寥。现在不少朋友见到我总是说:"梅老师,这孩子有不少毛病,我们做家长的也没办法,就靠你了。"其实,我想说,我也不是救世主。这不是我想推卸责任,我也不会推卸责任。今天这封信,我只是想说明一些问题,让我们一起寻找解决问题的办法。

我不知道各位有没有听过"三岁看老""六岁决定一生"的说法,虽是俗语,但也是古人经验的总结,包含着科学。每个人在进入小学之前,他的性格、气质、行为习惯、思维方式等都已差不多形成了,用科学的术语说,叫"内在心理结构基本稳定"。正如我们手头的橡皮筋儿,如果我们不去拉动它,那么它的内在圆环是固定的。内在心理结构的形成,其实是家庭教育的结果。所以,"有什么样的爸妈就会有什么样的孩子",父母对孩子的影响几乎是决定性的。(目的:让家长意识到自己责无旁贷,这样才会尽力去和班主任一起想办法。)

但是,这并不是说孩子没法改变。正如我们的橡皮筋儿,它的形状是可以改变的。也就是说,我们的孩子也是可以改变的,只是改变没有那么容易。

第五章 家校沟通的动力经线

拿橡皮筋儿来说，如果要改变它的形状，我们需要朝同一个方向持续不断地进行拉伸。持续不断是条件之一，朝同一个方向是条件之二。

人的心理也是一样的，我们教育一次孩子，只是他的心理表层做了改变，而并没有触及内在的心理结构。如果改变内在心理结构，也就是说改变一个孩子，那么就需要让孩子的心理表层不断地朝同一个方向改变，而且要每天坚持做。只有这样，才能彻底转变一个孩子。这需要多久呢？心理学其实告诉我们，至少需要21天，因为21天可以形成一种习惯。只是，形成习惯只是行为的表象，如果要彻底改变一个人，至少需要90天的时间，因为"90天才能形成稳定的习惯"。

只是，这需要很多的资源和精力，非我一个人可以做到。我们一起才能把这件事做好，似乎，也只能我们一起来做，毕竟那是您的孩子，我的学生，我们别无选择。

想和各位探讨的是，我们应该往哪个方向拉橡皮筋儿，应该从哪个方向改变我们的孩子？

其实，这个问题没有答案，因为孩子的未来如何，我们无法把握，更不能去定义。教育，不就是让每个孩子有尊严地成为最好的自己吗？我们谁都无法给孩子确定方向，我们只能给他们提供成长的动力。所以，我们要对孩子进行一些励志教育，点燃他们的学习激情。

有人说，教育其实不是怎么教的问题，而是学生怎么学的问题。想想也是有道理的，都是同样的老师在教，为什么学生之间就有了区别？原因就在于每个人"学"的程度不一样。所以，我们应该激发孩子们的内在动力，让每个孩子每天都情绪饱满、满怀激情地去学习、去生活。（我们班的学生基础较差，家长最希望自己的孩子能够精神饱满、全身心地投入学习中去。）

我知道您会说，我们也一直想办法调动孩子的激情，可是总不见效，过不了几天就会成为老样子。其实，咱们前面也聊了，因为我们只是简单地对孩子的心理表层做了一点改变而已，并没有影响到孩子的内心，因为人的内在心理具有很强的反调节能力。如果不持续调节，每"一次"的表面改变都会被反调节能力消解。只有内心改变了，才是真的改变。

这么多年，我也在摸索：怎么才能有效地改变人的内心呢？后来我发现，其实和拉橡皮筋儿是同一个原理。我们在拉橡皮筋儿时,一开始比较好拉,越往后拉就越费力。人的心理也一样,越到后期,内在心理的反调节能力就越强,就需要逐渐加强调节的力度。

很多人对这个问题产生过误解,认为调整孩子的内心和看病一样:一开始病重,于是就下猛药,看到有所好转后,就逐渐减少药剂量。其实,这正好和改变孩子的心理是相反的。如果凭空给孩子来一段猛烈的励志教育,那么孩子们会感觉很突然,而后续的"剂量递减"恰恰让心理的"反调节"有可乘之机。

根据行为心理学的相关原理和孩子们的内在心理结构的特点,我认为可以通过以下三个阶段来调动孩子们的积极性。

第一个阶段是用贴近孩子生活的言行来影响孩子。这就需要我们一起发现孩子的闪光点和正能量。孩子在学校里,我负责发现;孩子回到家后或者孩子过去的闪光点,则要靠您去打捞。我们一起点燃孩子内心的那团火——这只是星星之火,但星星之火可以燎原。这个阶段至少需要21天,以后也要延续。只有在21天之后,我们才能考虑其他方式。

第二个阶段是用比较快乐的方式,让孩子们感受到向上的力量,而不能让孩子们感受到任何说教的痕迹。我们可以采取心理舞台剧的方式,可以采取歌曲联唱的方式,还可以采取其他方式。具体的方式要靠我们家长的力量,大家齐心协力,才能获得丰富的资源,才能取得良好的效果。这个阶段需要30天以上,但也不宜超过50天。选择的内容要有一定的触动性,因为这个阶段人的心理反调节能力要强于第一个阶段,因此励志的力度要比第一个阶段更强烈些,否则效果会不明显。

第三个阶段是比较直接的下猛药阶段。这个阶段的激励教育有点疾风骤雨式的,我们可以采取选文朗读的方式。我在原来的班级做过一部分,可以拿来用,但还要根据咱们班级的具体情况进行调整。所以,大家仍然需要齐心协力,一起寻找资源。这个阶段时间的长短视前期效果而定,但我们可以先准备60天左右的内容。

同样,在推行第三阶段的时候,第一个阶段和第二个阶段的方式可以穿插使用,而不是放弃不管。

第五章 家校沟通的动力经线

为了让孩子们走得更好，有必要让大家完全了解我的这些思考或者经验，因为只有明白了具体的做法，大家才会心里有底。

最后，祝福咱们梦想成真！

梅洪建
××年×月×日

这封信是理念的呈现，也展示了班级行走的第三条经线——动力经线。这条经线显得更具体，能让家长进一步感受到班级路线的可行性，当然，也更能凝聚家长们的心。你能看出来，这封信的内容是有讲究的。它把造成孩子现状最重要的因素归结为家庭教育，然后提出发展的三个阶段，每一个阶段都把家长们捆绑在一起，这时候才能让家长明白：教育孩子，不仅仅是老师的事情，更重要的在于家长。家长们明白了这个道理之后，才会真正全身心地付出。

第二节 你言我语：动力经线第一阶段

做班主任肯定都有这种经验，无论你费了多少口舌，倘若家长没有明白道理，很多人是不会跟随你前行的。

讲述道理，或者说讲述班主任的带班理念是必要的。但是如果理念仅仅停留在口头而不去实施，那么依然是一堆空话。所以，在取得家长们的认同之后，我们就开始了动力经线的第一个阶段——你言我语。家长会把孩子们现在的或者过去的优秀表现告诉我，而我也会将每天看到的孩子们的美好瞬间记录下来，大家一起去鼓励孩子，营造氛围。

我要谈一谈雯同学，她坐在我的前面，我们又住同一个宿舍，然而我们并不熟悉。今天，我问了她一道题，还没问完就打自习铃了。我以前问别人，别人都会结束解答，因为他们急着离开，而她却把解题过程详细地写了下来。

我觉得很惊讶,不仅对于她的答案,更对于她的用心、耐心和她与别人不一样的态度。老师说,让我们成为彼此生命中的贵人。我相信,我们一定能成为彼此的贵人,我们这个班级每个人都会成为彼此的贵人。

师评:是啊,我们是特殊的班级,只有每个人都心有他人,每个人都尽力地去帮助别人,才能赢得别人的尊重,才能获得别人的帮助。有了张静雯帮你,我相信,你也会努力去帮别人的,我没说错,是吗?

这是佳在聊天本里写下的文字,虽然不是激励性的话,但对于营造班级氛围具有重要的作用。

说实话,当我知道被分在羽翱班时,我的内心几乎是绝望的,但我别无选择。听了梅老师对未来两年的规划和对大家的鼓励——"也许可以绝地反击",我开始有信心了。其实,我知道现在的处境是我自作自受。由于高一下学期过于放松,才导致了江河日下,但现在我已经意识到了这一点,因此我对自己的结局抱有很大的希望。"高二、高三,是该换个活法儿了。"上进,上进,要上进,我这样想着,并记录下来,因为不想忘记此刻的感受和决心,更不能忘记别人问我在哪个班级时我内心的屈辱。

师评:有梦想,谁都了不起。有人说,不要看一个人是如何倒下的,要看他是如何站立起来的。不怕倒下,就怕倒下了起不来,更怕倒下了就不愿意起来。因为心死了,人就死了。你这段不算铿锵但绝对发自内心的话语,让我感到欣慰。我希望这不是一时的兴起,而是实实在在从灵魂迸发的声音。

这是宇在聊天本里写下的文字,它诠释了一个孩子的灵魂的触动。这是一颗萌芽的种子,虽然我不渴望它能瞬间长成参天大树,但毕竟,它破土了,总比永远埋在土里要好。

过去我有很多不足之处,所以成绩一直没有上去。今天听了老师的话,我终于明白,以前的老师并没有您这样的规划,只帮助有能力、想读书的同学,而放弃了那些不读书的人,导致很少有人可以和我互助学习。我能带动一些人，但他们很少能帮助我。我只能一个人向前走，所以很累，并且效率低下。听了老师的计划后，我觉得未来的路是有希望的，只要我们能争口气，每天比别人多做一点，那么我们不见得会比别人差。老师，我有勇气、有把握让自己变得更好，您有把握让我们班都变得更好，甚至成为第一吗？虽然听了您的话我觉得您确实能做到，但我毕竟没有亲身试过，所以希望我们班可以让我亲身体验一把，从而获得最宝贵的人生财富。

师评：你的文字让我压力很大。但是有几点你触动了我——"我能带动一些人"，我知道你是个乐于奉献的人，班上有你，就会有更多的正能量；"只要我们能争口气，每天比别人多做一点"，你有决心，并且知道该怎么做。起点比别人低，就要比别人勤奋一点儿；跑得比别人慢，就要比别人早跑一会儿，你一定会成功的。

这是冬写下的文字。

诚然，写下文字的还有很多很多。每天我会把孩子们的心声和自己的点评读给班上的孩子们，让身边的这些形象不断地影响他们。我一直坚信，只有正能量才能带来正能量；我也一直坚信，只有氛围好了，才能带动整体变好，环境是育人的重要因素。

这些文字，孩子们也会带回家里，与家长分享。

自然，一如前面的约定，我需要家长提供孩子们在家里的表现，让家里的好孩子和学校里的好孩子融为一体，也让过往的自信提升孩子们当下的信心。

下面是成妈发给我的文字：

老师，成玩这个游戏已经四年了，他曾经很"自豪"地说他是班上玩这个游戏最厉害的一个。当时我们也很苦恼，但阻止不了他。他甚至还因为自己玩得好而有某种"自豪感"，感觉自己有"成就"。可以说，如果他不玩游戏，就不会考到这所学校，就不会在高一时被分到不好的班。让我们开心的是，自从进入咱们班，他竟然可以放下游戏了。国庆假期，他控制住了自己的游戏瘾，连续几天，没有去玩一次游戏。他说他不想两年后在一所蹩脚的大学里抱怨、后悔。

师评：战胜自己，需要多么大的毅力啊，我真心向孩子致敬！人都是输给了自己，要么是甘心堕落，要么是用各种借口一步步向自己妥协，在不知不觉中走向不归。还好，还好，一切都不算晚。

没几天，我收到了劼妈打来的电话：

每天都能听到孩子们的好消息，我为孩子们感到高兴。我不会写字，更不会用电脑，只好打电话给您讲讲阿劼的事情。高一被分到差班，他是有些伤心的，但是没过多久，他竟然不再抱怨了，就在那个不好的班安心地待了下去。我们做家长的也不知道该怎么办，就这样他度过了高一。高二又被分到了差班。他中考成绩差是有原因的，因为从小学到初三，他都没考过第二名，他是班里的第一名，还经常是年级的第一名。很多人都夸我家孩子能考名牌大学。可是初三那年，因为一件小事儿，他和物理老师闹了别扭，且不论谁对谁错，但他当时真的不想读书了，整天在家里哭。我们是从农村来的，你说孩子不读书能干啥呢？我们求了他很久，他才勉强去参加中考。冲刺阶段没有好好学习，他当然考不好了。不过还好，他考上了高中，这对我们做父母的来说，就是最大的安慰。我今天打电话想对老师说的就是，我家阿劼是一个非常聪明的孩子，如果好好学习，他一定能考好大学，他有这个能力……

诚然，这些话我不能在班上公开说，只能在私下里找阿劼去鼓励他。但我又必须让他在班上传递正能量。于是就让每个孩子去打捞自己过往的辉煌。

劼：其实，高一之前，我一直都是我所在的初中的第一名。只是初三时我堕落了。

月：人家都说我是个聪明的人，可是我没有多少次考好过，唯一一次考好还是因为被妈妈狠狠地打了一顿。我知道我能，可是，我管不住自己。

……

在家校共同的"发现""发掘"下，班级逐渐有了蒸蒸日上的势头，孩子

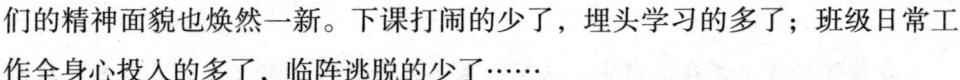

们的精神面貌也焕然一新。下课打闹的少了，埋头学习的多了；班级日常工作全身心投入的多了，临阵逃脱的少了……

21天之后，我们开始引入新的做法，进入了第二个阶段。

第三节　娱乐励志：动力经线第二阶段

三周的激励过程，使得家校之间的合作效果明显。效果，是促进进一步合作的重要条件，也是使第二步合作顺理成章的重要条件。

其实，本来设想的心理剧等活动并没有立刻开展。一是因为没有经验，二是因为心理剧的表演不符合"持续不断地调节心理"这个规律。后来，在家长们的商议下，我们开展了"每周一歌"活动。每周大家集体选择一首励志歌曲，每个课间大家都可以唱。由于是每周一首，孩子们还在兴趣点上的时候，就开始换第二首歌曲了。

歌曲的选择非常重要，如果选的歌曲不利于演绎，或者歌词不够励志，那么就达不到预期的效果。班主任和学生都没那么多时间，因此选歌的工作，只有靠家长们来做。

这里我必须和朋友们说的是，班主任，一定要找机会让家长为自己的孩子做事。家校沟通的目的绝对不是讨好家长，以便保证不出事端，而是和家长一起为孩子的成长服务。你让家长为自己的孩子做得越多，家长才越会认识到班级的价值，更愿意为班级付出。而家长的主动付出，则是家校沟通要达到的一种理想的境界。

所以，选什么歌曲，怎么排序，自然就成了家长们要解决的问题。后来家长们结合班级发展阶段的需要，经过广泛遴选，最终确定了六首歌。

第一首歌其实是最贴近班级实际的。因为是最差的班级，学生确实遭遇了别人不少冷眼。其他班级的老师和学生一提到我们班，总是一种不屑一顾的样子。孩子们的内心很压抑，尽管有了21天的内部提升，但很难一下子摆脱低沉的情绪。于是家长们综合各种因素，选择了信乐团的《海阔天空》作为第一首班歌：

我曾怀疑我/走在沙漠中/从不结果/无论种什么梦/才张开翅膀/风却变沉默/习惯伤痛能不能算收获/庆幸的是/我一直没回头/终于发现/真的是有绿洲/每把汗流了/生命变得厚重/走出沮丧才看见/新宇宙

海阔天空/在勇敢以后/要拿执着/将命运的锁打破/冷漠的人/谢谢你们曾经看轻我/让我不低头/更精彩的活/凌晨的窗口/失眠整夜以后/看着黎明从云里抬起了头/日落是沉潜/日出是成熟/只要是光一定会灿烂的

海阔天空/在勇敢以后/要拿执着/将命运的锁打破/冷漠的人/谢谢你们曾经看轻我/让我不低头/更精彩的活/海阔天空/狂风暴雨以后/转过头/对旧心酸一笑而过/最懂我的人/谢谢一路默默地陪我/让我拥有/好故事可以说/看未来/一步步来了

坦率地说,在第一次听到这首歌、读到这首歌的歌词时,我的眼睛是湿润的。我感觉这就是写给我们孩子的歌。真的感谢我们的家长能够如此用心地挑选。

如果说第一首歌是在困苦中倔强,利用的是孩子的反弹心理,那么第二首歌则是在倔强之后,走向自我。第二首歌是陈国华的《有用的人》:

谁不希望自己是聪明的人/谁不希望什么都能100分/谁会希望自己又呆又傻又愚蠢/谁会愿意听到"你真的好笨"

有些事情就是这样的残忍/有些道路没有直通那扇门/有些游戏结果不一定要获胜/有些收获不在终点只在过程

我们不会心灰意冷/我们会给自己掌声/我不是你想象的笨/我也有我自己的门

其实你不是不能/只是你肯不肯/给自己多一个机会/因为我们都是有用的人

你若不努力,没有人可以让你崛起。很多时候,我们不是输给了别人,而是败给了自己。"你不是不能,只是你肯不肯",这首歌的选择,可以说直

第五章 家校沟通的动力经线

抵人性的弱点，又可以树立起自信的旗帜，因为我们都是"有用的人"。

在学唱第三首歌的时候，已经是开学第六周了。这个时候，学生的自信心有了一定程度的提升，班级的小组合作也更加有模有样了。为了进一步提升自信、增强合作，大家讨论后决定选择群星演唱的《崛起》作为本周班歌：

无论怎样你都是我的兄弟 / 再遥远都会注视着你 / 你的每一次跌倒和爬起 / 我的心疼，我的惋惜

无论怎样都要拥有尊严 / 什么结果都不会怪你 / 荣耀与辉煌不只是胜利 / 逆风展翅，腾空崛起

向前冲 / 昂起头 / 身为战士做英雄 / 男子汉 / 跟我走 / 狂奔燃烧热汗流 / 向前冲 / 昂起头 / 炎黄子孙齐加油 / 丈夫崛起高昂首 / 腾身一跃向胜利冲锋

向前冲 / 昂起头 / 面对更高的追求 / 有你为我大声吼 / 我会奋勇到最后 / 向前冲 / 昂起头 / 炎黄子孙齐加油 / 丈夫崛起高昂首 / 腾身一跃向胜利冲锋

这首歌里有崛起意识，也有合作意识，比较适合这个时期孩子的心理状况。

其实看到前面这三首歌，朋友们都会感觉有些陌生。其实，我也感觉陌生，不如《真心英雄》等歌曲广为流传，但是它们与班级发展阶段的需要，以及与孩子心理的契合度，远远超过那些流传很广的歌曲。如果不是众多家长的参与，"每周一歌"活动怎么能顺利开展呢？如果不是家长们认同了你的班级发展经线，他们又怎么会如此用心呢？

接下来三首歌的选择也都完全符合班级发展阶段的需要，紧扣孩子们的心理。六周之后，每个小组抽签，选择一首歌，用另一种创新的方式进行演绎，也就是开展一场班歌汇演。家长小组也抽签演绎，加入到孩子们的汇演当中，并开展了同一首歌PK。

每周一歌，加上之后的汇演，这个阶段共用了七周的时间。这七周，家校一起为激励孩子做了不少幕后的工作，心也贴得越来越近了。

友谊是在合作做事的过程中建立的，而不是仅仅依靠交谈、交流就可以构建的。一个优秀的沟通者，一定懂得创设共同做事的舞台，让家校协作点亮孩子的前程。

第四节 "猛药"配制：动力经线第三阶段

改变人的心理，如同改变橡皮筋儿的形状，越往后拉，阻力就越大。经过前两个阶段的激励，孩子的心理调节也到了最困难的阶段。此时就必须下"猛药"，只有"猛药"才能冲破旧习惯的阻力。

首先我根据班级实际情况，为孩子们写了几段心里话，就是那篇流传很广的《责任的力量》。

责任的力量

和每个人一样，我埋怨过别人对我的不公，我诅骂过别人对我的诋毁，我愤怒过别人对我的蔑视……

可是，今天，我不再这样，因为我明白了所有的结果都是自作自受，我明白了所有的后果都必须自己来负，我明白了所有的责任都必须自己来承担。正如我们班，你抱怨过你被分到了这个班，你还抱怨过高一时被分到了那个班，你应该还抱怨过你所在的这所学校。

可是，孩子，如果你初中用尽全力拼搏，你会考到这个学校吗？如果你高一努力奋斗，你会分到我们这个班吗？

不会，一定不会！一切都是我们自己一手造成的，我们有什么资格埋怨别人？没有，因为我们都不配去埋怨、去抱怨、去愤愤不平。

懦夫会在抱怨中错过追赶的机会，会在堕落中让人进一步鄙视。我不知道，你若不努力，堕落给谁看？而勇士会说："一切都是我造成的，我的责任我来担！"因为他明白，抱怨没有用，一切靠自己。

或许，你会说我真的不如别人。我不想说你是个懦夫，因为当初就有人怀疑过抗日将领马占山：日本人的武器装备精良，战斗力很强，你明明知道打不过他们，为什么还要打？马占山回答："就算打不过，我也要甩他一身鼻涕！"

你有这种精神吗？你敢用最大的努力，来给自己证明一次吗？真正的懦夫不是能力低下，而是还没有出发就认输了。曾经坚信，人是这个宇宙最伟

第五章　家校沟通的动力经线

大的生灵，因为比人凶猛的动物多的是，但正是人类统治着这个世界。这或许就是动物的头朝下低着，而我们的头颅高高昂起的原因吧。

因为如此，我总觉得自己活一遭是多么地神圣，如果我的人生也碌碌无为地过去了，我和动物有何区别？所以，我珍惜我的存在，我珍惜我的生命，于是我努力做到最好。这是我的责任，我必须勇敢地担起让我的生命精彩绽放的责任！

孩子，如果你差，那考不上高中的人是不是更差？你知道吗，即使在我们学校，最好的班级和最差的班级入学平均分也就相差 10 多分而已？10 多分就能证明别人比你聪明吗？你信吗，你愿意承认吗？

是的，正因为你从来没有珍惜过你的生命存在，你没有认为自己是最优秀的一员，你没有舍我其谁的霸气，你才走到了今天。

每个人都可以是最美的风景，只是有人没能担起让她美好的责任，让自己的生命凋零枯萎了。如果你愿意，你愿意全力以赴，你愿意对得起最伟大的生命存在，抑或说，你愿意把自己当作一个比一切生命更伟大的人，那么你就勇敢地担起让自己优秀的责任吧，因为你不比任何人差。你不是不能优秀，而是你不肯优秀，而是你没有像勇士一样的气概。

尼采说：每个不曾起舞的日子都是对生命的辜负。你是那个辜负自己生命、败坏自己生命的人吗？更何况，我们都经历了那么多不屑、不公甚至白眼、蔑视。

陀思妥耶夫斯基说：我怕我配不上自己所受的苦难！我们经历了那么多，你不怕吗？你不怕对不起自己吗？

孩子，别让自己的苦难白受，担起责任，像勇士一样，冲刺吧！

岁月会为你作证：责任的力量担起。

石破天惊！

我们班遭受了别人的蔑视，也让很多人没有信心，我试图通过这种卷首式的话语，让每个孩子认识到自己的价值，树立起斗志。

我不得不提醒正在阅读本书的朋友们，千万别直接套用我的文字，因为，你的班级的具体情况和我的班级不一样。

家校沟通，没有痛过你不会懂

经过家长们的广泛收集和改编，再加上我和部分家长们的原创，我们从众多文章中选择了21篇。这些文章大多文辞优美，适合朗诵，又充满正能量。根据班级发展的节奏和孩子们各个阶段心理发展的需求，我们慎重地进行了排序，形成了如下目录：

卷首：责任的力量

扉页：成功誓言

1. 今天，我要走出失败的阴霾
2. 一息尚存就坚持到底
3. 我是能创造奇迹的人
4. 珍惜每一个今天
5. 控制自我做生命的主人
6. 我要重视自己的价值
7. 现在就付诸行动
8. 我不再轻视自己
9. 我比以往更加优秀
10. 向每个人露出笑容
11. 在困境中寻找成功路
12. 我将尽最大的努力
13. 我将留下我的踪迹
14. 从此我不再等待
15. 我将学会反省自己
16. 行动再行动，永远行动
17. 做精神饱满的人
18. 失去起点，要赢在终点
19. 不要找借口
20. 永远不甘示弱
21. 起舞每个有生的日子

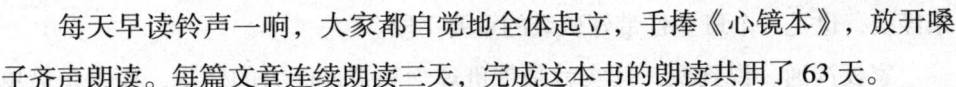

第五章 家校沟通的动力经线

每天早读铃声一响,大家都自觉地全体起立,手捧《心镜本》,放开嗓子齐声朗读。每篇文章连续朗读三天,完成这本书的朗读共用了63天。

朋友们可以看看我们班家长改编的《一息尚存就坚持到底》一文,感受一下文字的力量:

一息尚存就坚持到底

我必须承认,我的生命每天都在接受着考验。如果我坚韧不拔,勇往直前,迎接挑战,我一定会成功。

我不是为了失败才来到这个世界上的,我的血管里也没有失败的血液在流动。我不是任人鞭打的羔羊,我是猛狮,不与羊群为伍。我不想听失意者的哭泣、抱怨者的牢骚,这是羊群中的瘟疫,我不能被它传染。失败者的屠宰场不是我命运的归宿。

我不知道要走多少步才能达到目标,踏上第一千步的时候,仍然可能遭到失败。但我会再前进一步,如果没有用,就再向前一步。坚持不懈,直到成功。

就像冲洗高山的雨滴,吞噬猛虎的蚂蚁,照亮大地的星辰,建起金字塔的奴隶,我也要一砖一瓦地建造起自己的城堡,因为我深知水滴石穿的道理,只要持之以恒,什么都可以做到。我的字典里不再有放弃、不可能、办不到、没法子、成问题、失败、行不通、没希望、退缩,只要持之以恒,什么都可以做到。

我要尝试,尝试,再尝试。我要像水手一样,乘风破浪,坚持不懈,直到成功。

当我精疲力竭时,我要抵制各种诱惑,再试一次。我争取获得每一天的成功,避免以失败收场。我要为明天的成功播种,超过那些按部就班的人。

只要一息尚存,我就会坚持到底。

坚持不懈,终会成功。

从选文、编排到装帧、印刷,家长们费了极大的心血,但是看到这些内容之后,以及前两个阶段带来的效果,家长们也感到十分欣慰。是的,孩子的成长才是家长最关心的事情,也是家校沟通最重要的纽带。

朋友们一定看出了,至此,沟通的三条经线已经汇报完毕。其实,这三条经线，也是一个班主任带好班级的重要手段。

家校沟通，说到底，其实就是带班理念和带班能力的体现，而不是简单的沟通技巧的展现。

第六章 家校沟通的传语纬线

行文至此，我知道，您一定明白了我为什么强调沟通的经线。没有经线，你就是一个江湖郎中，所有的人都知道你可以将病治好，却看不到治病的手段。而有了上述三条经线，就等于给了别人信任你的理由。

只是，正如带领一批游客赶往一座海岛。我们可以告诉大家彼岸海岛上的风光多么旖旎，也可以告诉大家从此岸出发的具体乘船时刻。诚然，也拥有一艘可以从此岸到达彼岸的船。只是，并非所有的游客都有足够的耐心，能够从此岸坚持到达彼岸，总会有个别的游客出现这样或那样的不耐烦。

您知道，这种不耐烦的情绪会传递负能量。家校沟通更甚，哪怕有一个家长缺乏耐心，都会让消极的情绪蔓延，而这种蔓延往往会在短期内形成气候。因为，负能量的传递速度，远远快于正能量。不是能量本身在作怪，而是人心如此。

所以，如果说三条经线让家长对彼岸有了设想，也给了家长从此岸到达彼岸的船，那么我们还需要给家长提供沿途的风景，让沿途的风景带领家长们一边赏景，一边自然地抵达彼岸。

家长可以看到的沿途的风景，就是我们需要精心编织的纬线。经线是方向，纬线是可以触摸的风景。经纬的交织，才能编织好家校沟通这一块锦缎。

你言我语，则是沟通家校的第一条纬线。

第一节 每天一传语

自然，最直观的纬线，就是让家长每天都能感受到班级跳动的脉搏。这种感受能让家长的脉搏与班级的脉搏和谐共振，这样才能让家长深切地感受到班级的起伏变化,也才能接受班级的起伏变化。

于是,在羽翾班,每天我都会通过校讯通把孩子们在聊天本中写下的典型话语,发给每位家长。是的,没错,是发给全体家长,每天都这样坚持。

被涉及的孩子,家长会因之而高兴;没有被涉及的孩子,家长会给自己的孩子讲述校信通里提到的孩子的故事,这也是在帮助我这个班主任做孩子的思想工作,自然也有利于这个或那个孩子的成长。

每天传递的内容大多来自聊天本——一种我和每个孩子日常闲谈的书面交流方式。8年前在带郁歧班时,我也利用"聊天本"这种形式,并且和孩子们聊得也比较深入。可惜,我仅仅把它当作了解每个孩子心理动向的依据,当作了解班级动向的依据,而不明白可以通过它们联结家长的脉搏,进而形成家校的和谐共振。

还好,现在我懂了;还好,阅读这些文字的您,也会懂。

为了说明问题,我还是不厌其烦地将孩子们写下的话语,发给家长们:

我觉得老师说的话句句都触动我的心,特别是那句"你若不努力,堕落给谁看"。以前的老师也给我们讲过一些励志故事,每次听完后,我也是热血沸腾,但是这种状态持续不了多久。我自制力不够,总是会给自己找各种借口,然后可以心安理得地去玩、去打游戏。我希望老师可以帮助我改掉这些缺点,我不想成为别人眼中的差生。(程)

我已经感到了压力,尤其是物理,对我来说还是比较吃力的。不过今天我用尽全力去学了,虽然很难,但最终还是被我攻克了。我觉得当天学的内容当天就应该搞清楚。高一的时候我学不好的原因就是喜欢拖沓。一天不懂,两天不懂,最后看什么都像看天书,这样学是有点累。今天坚持,明天坚持,一天天坚持,我就不信学不好。明天我会继续拼,老师做见证啊!(嘉)

这是两个孩子的自省,或许他们不优秀,但是他们向往优秀并请老师帮助的心,值得我们尊重。传递给家长的是孩子懂事了,班主任已经取得了孩子们的信任。这对家长来说,是相当重要的心理安慰。

这个学期刚开始不久，我已经发现了自己的变化。我不再像以前一样下课只知道打闹，上课昏昏欲睡了。现在的我变得更加充实了。这样的变化让我心情愉悦，对于学习我也比以前更有动力了。（镛）

突然间我从心里涌出一种安详、舒适的感觉。尽管作业很多，但我很愉快，11年来我第一次感觉到喜欢学习。（徐）

我觉得自己还远远没有尽全力，我会继续要求自己，至少我会说："让我每天入睡前没有负罪感，对得起自己的每一天。"（风）

这是三个孩子在新的班级的变化。班级的好坏，不是靠嘴巴去说，而是用生动的案例来表现。这些话不需要做过多的解释，家长能够感受到孩子灵魂拔节的声音。尤其是风的姑姑在教育局工作，到处会讲述孩子在班级的变化，不是吗？有了最真切的感受，就是最好的沟通。

晚上20:41完成作业。其实今天作业特别多，但是我利用25分钟左右的午休时间，以及大课间的时间，加上音乐老师还没有到教室的时间，干掉了数学和语文作业。如果不是利用这些时间，我一定写不完作业。一旦我利用了这些时间，就获得了显著的成效，今后我会更加开心地做这件事。（绮）

今天早晨预习、复习的效果非常好。我早上5:30起床背书，比别人能多学习半小时。我发现早上学习比晚上学习的效果要好很多，英语也能很快记住。我要做的事情还很多，但我知道提高学习效率很重要。我原来学不好的原因就是不能全神贯注，进入不了学习的状态。现在，我能做到进入状态，心无旁骛，我相信，我一定会实现自己的目标。（仪）

今天作业并不多，所以我晚自习课间也没有离开座位，而是把作业做完后有计划地复习。在高一的时候，我平时没有做作业的习惯，一下课就玩，上晚自习也不老实，但现在我可以独立完成作业，学习也渐入佳境。（凡）

今天早上，我没有像往常一样晨跑，决定先到班里去。偌大的教学楼只有一个教室的灯亮着。我想，应该没有人会比我到的更早吧？走进教室，竟然是顾嘉怡！之所以用"竟然"，是因为她昨天还去了医院，昨晚还在生病啊！每天叫醒自己的不是闹钟而是梦想，说的就是嘉怡吧！（梁）

这是四个孩子学习状态的展现。人说窥斑见豹，不要说家长们，就是读者朋友，也一定能感受到班级里正在发生着什么。学生的话语就是一剂良药，还用得着使用什么沟通技巧吗？

我们宿舍有个学霸，他的名字叫晟。每天回去我们就开始讨论学习，写作业。早上五点半准时起床背书。我们宿舍风气极好，相信在未来的日子里，我们会越变越好。我也开始有信心了。（帆）

昨天宿舍的人召开了一次小型的交流会议，分配了每天的复习任务。之前宿舍的人有早睡的，有晚睡的，入睡速度不快，早上也有赖床的习惯。但结成小组之后，大家晚上统一10:30睡觉，早上5:30起床。睡觉和起床都统一时间，容易入睡，也容易起床。我们也制订了宿舍整体目标。相信团结的力量会在期中考试中很明显地显现出来。我们班另一个宿舍的人6:00（笔者注：早读7:00开始）就到教室了。虽然我们宿舍的人比他们晚，但我们的效率也不低。（冬）

这是宿舍里的风景，可以让每一个住宿生的家长都把心放在肚子里。孩子们在宿舍里不再玩手机、打游戏，不再胡侃乱聊，而是有目标、有计划、甚至有组织地在为自己的梦想拼搏着。

第二节晚自习课时，培主动找我，让我以后在第二节课下课前就把物理作业做完，不会的他可以到走廊给我讲，真是"中国好组员"。不过上次看他的英语真的挺惨，跟看到我的物理卷子一样，我也得帮他想想办法……（妤）

互赖的班级生态打造，效果如何？有没有深入到每个孩子的内心？这种班级生态会不会太过理想化？看了妤写下的这段话，或许一切都不用解释。事实胜于雄辩，这真是一种真实美好的说法！

差班就一定差吗？差班就一定要考试作弊吗？今天我去交物理作业时，被石老师叫住了，她问我早读读得那么卖命，第一节课会不会困？我说不会，

第六章 家校沟通的传语纬线

大家都很努力好学，怎么会睡觉呢？旁边有个老师插嘴说："他们班读书很大声吗？"石老师说："你自己早上去羽翾班门口听听。"那个老师一听是羽翾班，轻蔑地说："读那么大声有什么用……"她没有继续说下去，可能是顾及我这个七班的学生。但我也感受到了不屑。对，我们是分到了羽翾班，但那又怎么样？我们曾经是原来班级的捣乱分子，但现在呢？我们会让你们看到我们的努力、我们的潜力，然后用事实说话！（谈）

今天真的好累，但我仍然坚持了下来，真的不想让别人看不起。有人说我们是打了鸡血——什么打鸡血，我们是在"挂点滴"，一直挂到高中结束！为了梦想，拼了！（纯）

家校一起倾注了那么多的精力，真的有效吗？或许您读了上一章的内容，也表示过怀疑，家长自然也会有所怀疑。这些来自孩子心灵深处的声音，是不是可以给您一点相信的理由呢？

赞美真的可以让人心情愉悦，充满斗志，就像给机器安装了发动机，有使不完的劲儿。我们是要创造奇迹的班级，班上每个人都是要创造奇迹的奋斗者。几天下来，我能深切地感受到每位同学付出的努力。晚自习前大部分人都安静地坐在座位上完成自己的作业。期间别班的同学路过我们班时抛出了一句："瞧不起你们！"我们只是轻轻一笑，置若罔闻。我相信，不远的将来，我们定能证明我们不是轻易被人瞧不起的班。（艺）

如果说上两条的呈现会让你感到疑惑，孩子们只知道疯狂地去追梦，会不会导致心理扭曲，出现极端的情况？这条或许能消除你的些许疑虑吧。尤其是"轻轻一笑"，是大度，是自信与从容，更是坚定与执着。家长们看到，该是多么的欣慰啊！

我们小组准备在国庆期间集体学习四天左右。第一天就写完所有的作业，当然选择的地点依然是某图书馆自习室（毕竟有很多人都在自习室里学习，也有一定的学习氛围）。第二天还是在那里，不过这次我们不去自习室，而是在位于走廊的桌椅上学习，因为那里方便我们复习五科的内容。最后两天是我们相互提问的时间。当然，我们也会抽出时间去玩一玩，人嘛，不可能只知道学习，是吧？我们可能还存在一些不足，但是和高一相比，这种学习状态简直天差地别，我们完全有信心超越别人。（杰）

小组合作学习，把前置性学习进行到底，它不是停留在理论层面，而是实实在在的行动。还没有行动起来的家长和小组，该动起来了吧。

看了《心境本》，很多东西让我非常触动，甚至在想放弃的时候，我都会拿出来看看。尤其是"成功誓言"，我看了很多遍，很多遍。我现在处于追赶的时期，稍微一松懈就可能退步。我知道，一旦退步，就可能赶不上来了。对此我深有感触，高一我曾考过班级前十名，老师同学都认为我要崛起了，由于我没有坚持，所以又退回了原地。期中考试临近，不管发生什么事情，我一定要做到进入一本线！（董）

现在每天晚自习，我都会抽出一点时间来读一遍《心境本》，因为它让我充满了动力，我一定会坚持下去。我发现很多课上讲的知识点，当时能明白，但当做作业或者隔天再回想的时候，多半就会忘记。所以，现在我会认真地做好笔记，不管什么科目，只要认为是重点考点就一定要记录下来，这样就可以在复习的时候有的放矢了。我也终于明白老师周末检查我们"梳理本"的苦心了。（杨）

《心境本》（又叫《班级励志教程》）真的有用吗？一系列的激励手段能否取得预期的效果？尽管我把从原理到实践的过程都清晰透彻地跟家长讲过了，但还会有人怀疑，而这两个孩子的行为会告诉所有人，《心镜本》正在改变孩子的内心！

数学周考没考好，简直想拍死自己。出乎意料的是石老师没有找我谈"成绩下降"之类的话，而是在纠错本上写了一句"考差一次没关系，不要气馁……"老师一方面表达了对我的信任，另一方面更是对我的鼓励。有这么好的老师，

第六章 家校沟通的传语纬线

我还怕学不好吗？（静）

今天作业不多，我利用晚自习基本就写完了。关于作业，我曾抱怨过各科老师，总是觉得作业多得不合理。但不知道从什么时候起，我开始觉得作业不多了，开始觉得这是老师真心负责的表现。有时候不是因为作业本身多，而是我们学习的态度不对。

数学石老师本该在家休息养胎了，但她还是在坚持着。每节课写一黑板板书，关心每个同学的学习情况。每次去问她问题，她总是马上放下手中的事情来帮我解答。她真的很善解人意，每次我发挥失常，她总是主动找我分析考试情况，并且鼓励我不要灰心。换作家人，如果我考试失常时，他们多半会说"你肯定没努力"。

班主任，就不说了，免得你说我肉麻……

英语周老师每天要求大家默写英语，而且不少人要重复默写。曾经不习惯这种方法，可是，我们的英语成绩在逐渐提升，使我不得不承认，这是属于英语老师的方法，而且是行之有效的方法。家里的孩子嗷嗷待哺，老师还在我们身上如此费心，我们怎么能不珍惜这种付出呢？

政治张老师和我们很亲近。教了那么多班，我本以为她不记得高一曾教过我。谁知道，前几节课她突然说了一句："我看得出来，你比高一时认真了许多。"这是对我的极大鼓励，我才明白她是一个多么用心的老师啊！

……

我很高兴有这么多认真负责的老师教我们，不论是从老师们口中听到的对我们班真实而远大的期望，还是从老师们的工作态度中，我都感觉到我们班是值得期待的，我为生活在这个班而感到高兴，更为有这么多好老师而感到自豪。（弈）

这是为科任老师点赞。不是班主任说老师们有多好就有多好，孩子们才是最有发言权的。来自孩子心灵深处的声音，能让家长们放心了吧？您还会因为学期初认为老师配备不合理而大吵大闹吗？

月考之后班级的学习状态越来越好了，今天英语老师问要不要阅读答案？

家校沟通，没有痛过你不会懂

大家异口同声地说不要，因为怕控制不了自己抄袭。政治课上，因作业量大，很多人没写完。但他们都主动承认了，并承诺周末补上。还有人说，就算没写完被扣分，也不会抄作业的……还有很多暖心的事情。高一（7）班，让每个人的爱心发芽，让温暖的氛围不断地增强。（怡）

今天大课间没有跑操，教室里也没有老师监管，我们每个人都坐在座位上学习，讲话声音很小，几个男生甚至也没有去打球。在教室里我听见外面的班级吵吵嚷嚷，在走廊里跑来跑去，此时我真想给我们班点个赞，为每个人感到骄傲。这样的学习状态，七班之成，则可待乎？（仪）

今天是我的生日，一个不能再普通的日子。我一直讨厌过生日，因为要么是形式主义；要么太煽情，让人不好受。所以几天前有人问我生日，我便隐瞒了。第二节晚自习下课，我去洗手间，张杰让我赶快回去。一进教室我惊呆了——教室里一片漆黑，唯有我的座位上有一丝烛光，周围围满了人……窗外还传来了一声声"生日快乐"。想起早上陈施培给我买的手抓饼，想起黑板上"今日分享"栏里的"健生日快乐"……今天是多么的美好，今天是我们的生日……（健）

班级的整体风气，透过这三个孩子的文字，家长们应该能够感受得到。

每天一传语，看起来很麻烦，但能让家长及时、全方位地了解班级的变化。这些来自孩子的声音鲜活、真实，最具有说服力。诚然，也是家校沟通比较理想的一种方式。

当然，如果要进一步沟通家校之间的情感——对，情感，还是需要做另外一些工作的。

第二节　节日里的情感传递

"另外一些工作"就是在特殊的日子里，在孩子和家长之间架一座桥，为他们传递情感。自然，我这个默默的架桥人付出的心，他们也会懂。

为了简洁，我把写在"三八"妇女节的一篇文章直接拿来，您可以从文章中窥探到我的具体做法。

架一座桥，做桥下看风景的人
——写在"三八"妇女节

说实话，这个节日，我没有给娘送去祝福，因为我知道如果这个日子送祝福，她会觉得很别扭。20世纪40年代的人，适应不了今天的文化表达。在其他日子，我会把最美好的心愿留给母亲。但逢此节日，我会特别想念老娘。

昨天，我让班上的孩子给自己的母亲写下了心里话。这不是感恩教育的仪式，而是将心比心，因为所有的母亲都值得尊敬！何况，言语的背后反映了每个家庭的情境，从这些文字中，我读出了太多美好，走进了太多孩子的内心深处。更何况，顺着文字，我可以找到解开教育的密码，构建更美的风景。

"今天是丽人节，祝福每一位家长妈妈们美丽永驻，快乐永存！昨天，孩子们用自己真诚的笔，给您写下了他们的心里话，现在我逐条发给您。梅洪建"

我用一个下午的时间，将每个孩子的心里话敲出来，逐条发给了我的家长们。因为校信通只能一条条发送，且每条只能发120字，所以我拆开了发，用了一个多小时。

不过这样做是值得的。不信您看孩子们的心里话——

老妈，节日快乐！这几天因为小高考，我情绪有点暴躁，很抱歉每次因为一点小事对您恶语相向。从小到大，我被问的最多的就是："你爱你母亲吗？"有多爱，怎样爱？我不知道。我觉得母爱就像酒一样，最初如一些调制果酒，口味丰富，色彩鲜艳，到后来就像伏特加，抿一口才知道有多浓，最后就像乙醇氧化成了乙酸。爱意太过明显就让人肉麻了。所以，爱妈妈是肯定的！妈妈，快乐！（阳）

第一次送您礼物已经是很久前的事情了，您经常提起那次我送的礼物——一张简易贺卡、一幅不算美的画：有你，有我，有太阳，有家。有人说母亲是上辈子的情人，那时在我眼中您是一个温柔勤劳的女子。长大后，我渐渐明白了许多，也知道您是怎样饱受苦难的。源于家庭、学业、心理等多方面的压力,不容许我仅仅做一个您眼中的乖孩子。不知道是我的心理不成熟还是其他原因,某段时间我总是在莫名地伤感、悲愤,难以稳定情绪。一次次与您争吵,伤害了您一次又一次。在一个个不眠之夜,我想的只是怎样沉静下来。我想说,在我消失不见的夜里,您不必一个个电话、一条条短信劝我回来。我并没有走远,只是想看看春天,只是想静一静,看看自己的心。岁月让我明白家的意义,我知道什么时候回家。

时隔多年,我再次写下对您的祝福。在过去的几年里,我无数次想送您一份小小的礼物,或是像当初一样亲昵地叫一声"妈妈",但始终未能如愿。过去的无法改变,现在我只想说一句:"妈妈,我爱你。"或许我不能像小时候那样对您言听计从,去走您为我定下的路。但我想我已长大,我的拳头会挥向伤害你的人,做一个保护您的好儿子。丽人节快乐!(杰)

噢,我最最亲爱的妈妈:节日快乐!虽然印象中我们一直吵架,但是不得不说,我还是很爱很爱您的啦!您很辛苦,我多次把您气得半死,有点歉疚,对不起。您总是说我只记得小时候您的棍棒教育这类不好的事情,其实,点点滴滴的温暖,我都记得。晴时满树花开,雨时一湖涟漪,阳光席卷城市,微风穿越指间。不变的,是我对妈妈的爱。(玮)

经历了18个妇女节,我只有在这一次送出了祝福,真对不起,妈妈!时光飞逝,如今您已经40多岁了。希望时光慢些,不要再让您变老啦,我愿用我的一切换您岁月长留!我不会再错过以后每一个妇女节、母亲节,还有您的生日。老妈,儿子祝您越来越健康,越来越年轻!(秋)

对于小高考和高考,我不会让你们失望。同样,我也不希望你们让我失望。妈,少和爸斗嘴吵架,这样谁都不好受。你们每次吵架,我心里都很不好受,甚至很难入眠。我不想让高一暑假时发生的那件事再次发生,这是我最害怕的一件事,也是我这辈子都不会忘记的一件事。你们有时候吵得很凶,而且几乎每次都死抓对方的问题不放。我只想说,从自己身上找原因,才会解决问题,互相指责永远不会带来好结果。

我最爱的两位亲人,你们在现在和未来都不能从我的眼前消失。妈,对爸说话声音小点儿、温柔点儿;爸,别总是钻牛角尖,有时候听着很可笑。爸,也许你自己都没有发现吵架的时候,你完全变了一个人,你让着妈点儿。

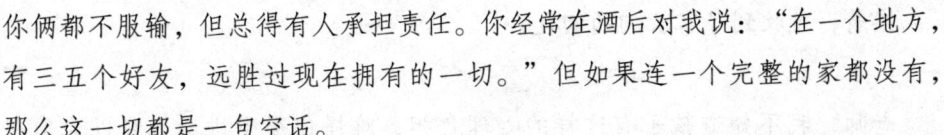

你俩都不服输,但总得有人承担责任。你经常在酒后对我说:"在一个地方,有三五个好友,远胜过现在拥有的一切。"但如果连一个完整的家都没有,那么这一切都是一句空话。

最后,还是请你们保重身体,为了我,少吵点架。要说的就这些,也许我说的话里带有个人情感,但还是希望你们能相互理解。最后,愿妈妈妇女节快乐,天天都快乐!(屈)

老妈:我想说的情话在平日里都说给你听了。反正我很喜欢你啊,很喜欢很喜欢的那种!(怡)

可爱迷人贤惠的妈妈,我觉得前面这些形容词远远不够描绘那么优秀的你,祝你天天开心,越活越年轻,保持一颗少女的心!(玥)

妈,您知道我不善于表达,你也知道我的人品,我会好好努力学习,带你们去外面的世界看看,幸福地过日子,一切尽在不言中。(成)

Hello,祝老妈妇女节快乐,快乐,快乐!重要的事情说三遍。今天是个特殊的日子,一定要开心喔!嗨起来,刷爆老爸的银行卡吧!(旭)

小高考能否考到4A,这个问题让我很困扰,有时候我觉得没问题,有时候感觉自己还差一点儿。如果考到了4A,请自备现金;如果一个A都考不到,请无视我前一句话……当然,无论考好考坏,妇女节还是要过的,先祝您妇女节快乐!最近为了我的考试,您辛苦了!我没忘记要多考几个A来孝敬您。千言万语比不上一个A的回报。感谢您的付出,待我获得4A胜利归来,共享我们一起努力的成果吧。(仪)

……

这些话语里隐藏着一个个鲜活的家庭中或喜或悲的故事。对我来说,这些或喜或悲的呈现,就是解读孩子、解读家庭的密码。随这些文字起伏之余,我仿佛看到了更美的风景,因为有了密码,我就有了信心。

班级33个人,还有4个孩子没有写。我知道,如果听说别人的孩子给自己的妈妈写了祝福语,这4位妈妈一定会失落。于是,我冒充孩子,把下面这段话发给了每个妈妈:"妈妈,节日快乐!感谢您把我养大,祝福您永远美丽,永远!"

接着，我收到了家长们的回复：

老师，我不知道孩子有这样的心理负担，难怪他很少讲话。我以为他爸妈平时吵吵闹闹是正常的，就没多加干涉，他们也不会当着我的面吵。看来家长对孩子的影响很大，我转给他爸妈，相信会有好的结果。（笔者注：这是孩子奶奶的回复）

谢谢梅老师能把这段文字通过短信的方式呈现在我眼前，麻烦您转告阳阳：妈对你的要求不高，只希望你做个有恒心、能自食其力、对社会无害的好男人。

感谢梅老师给女儿上了感恩一课，我感觉孩子最近有了明显的变化，我也在做调整。感谢您对孩子的教导，对我这个家长的指导！

……

看着这些回复，我把自己重重扔在办公椅上，真是舒服啊！

教育，有时就是架一座桥，让孩子和家长成为桥上的风景，而我们，做桥下看风景的人就够了！

是的，每个节日，我都会做这样的架桥人。尤其是部分没写祝福语的孩子的家长，当他们收不到孩子的祝福时，一定会有失落感。为了避免他们失落，我会以孩子的语气，给他们送去祝福。当他们明白是我冒充孩子在传递温情的时候，是有些感激的。虽然我要的不是家长们的感激，但至少让他们明白了我的苦心。

家校沟通，不是情感的轰炸，但也绝对不是没有情感的理性克制。

第三节　做孩子与家长的中间人

细细阅读上节内容的话，您一定注意到了一个叫"屈"的孩子的苦恼。

这是一件让人心痛的事情，虽然作为班主任不能太多干涉学生的家庭事务，但关涉到自己的学生，内心总是难免有些心疼。

是的，您也看到了，是屈的奶奶把孩子的话转给了他的父母，恐怕这是最好的选择。我不知道屈的父母后续会有怎样的改变，但我觉得还是有必要让他们知道孩子的内心，至少要让家长明白：夫妻间的矛盾冲突，不应该在孩子面前暴露无遗，那只会增加孩子的心理负担。

每个人都明白，沟通是解决矛盾和困惑的最好的途径。由于每个人的心理特点不同，或者是爱面子等原因，有几个人能够静下心来坐在一起好好沟通？很少！所以才有了矛盾的积累，或者各种痛苦的产生。

如果不是屈写下这些文字，如果不是被我看到，如果不是屈的奶奶在中间传话，那么他的爸妈怎能知道孩子的内心世界？他们之间，至少在屈看来，有沟通的欲望吗？一定会有的！但是，他们没有沟通过。

这不是个例，这在当下很多家庭是一种常态。所以，我愿意做孩子和家长的中间人——从这种意义来说，沟通孩子和家长之间的关系是"主产品"，而家校关系的构建则是"副产品"，并且，"副产品"的价值不见得就比"主产品"小。

看看下面这个叫迦的女孩子，在聊天本上给我写的一封长长的信：

老师好：

做了这么多年学生，遇见过无数老师，但是我没有遇到一个愿意袒露心声的老师。直到遇见您，每天在聊天本上的交流，我发现您是那么的可信、可亲。所以深藏了很多年的话，我才愿意和您说。

您一定发现，我的发型有点像男孩子；您也一定发现，我的性格不像男孩子，我是个女孩子；您还会发现，我的性格有些孤僻，我不愿意和人交往。我只能一个人不断地去读书，去做题，只有在做这些事情的时候，我才能忘记自己是谁，我才能找到精神的安慰。我愿意躲在自己的世界里，沉浸在自己的幻想里，逃避现实。

您一定想不通，我怎么会是这样的孩子。一个女孩子为什么要留一个男孩子的发型。因为我爸担心我在中学阶段谈恋爱，担心因为谈恋爱影响学习。于是，他不准我留长发，不准我可以像其他女孩子一样戴各种头饰。包括穿衣服也是这样，我没穿过裙子，甚至一些颜色鲜艳的衣服我都没有穿过。我只能穿素色的、规规矩矩的衣服。不是因为别的，只是因为我是我爸的女儿。

您看到我性格孤僻，不善于和人交往。其实，我也知道，我甚至都怀疑自己是不是傻了。但我知道自己的原因，我不愿意和男孩子一起玩，毕竟我是个女孩子，但我又不能和那些女孩子一起疯，因为我不被允许。是的，您看到的我学习很刻苦，我能不刻苦吗？因为我根本做不完作业。不是因为学校的作业多，而是因为我还有额外的作业。就拿作文为例，您要求我们两周写一篇作文：一次是写作，一次是讲评后的修改。您知道吗？我爸对您特别有意见，他认为两周写一篇作文怎么可能写好文章，于是他会给我另外加量。您知道吗，他每周都要我写作文，加上学校的作文，我每周一共要写五六篇作文。我不知道他哪里来的理论，认为多写就可以把作文写好。

我不敢反抗，因为我稍有不从，就会被打。老师，您知道吗？我都是高中生了，我还要被隔三岔五地打一顿。我只能服从，只能不停地努力完成他交给我的一系列任务。我委屈，但是还不能哭，我只能把自己藏起来。都说女儿是父亲上辈子的情人，谁家的父亲不爱自己的女儿，我不知道我上辈子到底犯了多少错，做了多少孽，才有了这样的"仇人"父亲。

但是，我不能说什么，这么多年来，我不能说，因为他是我的父亲，他给了我生命。我知道如果我去报案，我可以不被打，但是我也可能因此失去父亲。我宁愿自己忍受委屈，也不愿意失去父亲，失去一个完整的家。因为他爱妈妈，很爱。所以，我只能理解为，他对我的期望有些过度，我尝试着去理解。可是，我还是有些受不了，我怕我以后会逐渐心理扭曲——当自己认为一切都可以接受的时候，估计我的心就彻底扭曲了。

跟您聊这么多，其实，我就是想求您，能不能和我爸聊聊。我知道凭您的口才和教育理念，应该可以和我爸讲得通的。

遇见您，我遇见了自己的救命稻草，真诚地希望老师能抽出时间和我爸爸聊聊。

看到这封信，我的心情非常沉重。迦是个好孩子，她的成绩一直在班上处于前三名。不过，她的很多行为表现确实让人感觉怪怪的。如果不是读到这封信，我确实难以发现其中的原因。

第六章 家校沟通的传语纬线

我觉得有必要和她父亲沟通一下。只是，从文字中，我分明感到她的父亲对我颇为不满。面对一个对自己不满，而又如此对待自己女儿的父亲，我有把握和他谈下去吗？没有！如果我把孩子的心理直接呈现给她的父亲，他能接受吗？还是会给孩子带来进一步的伤害？

无论如何，我觉得是时候跟这位家长沟通一下了。此外，平时我和迦的妈妈交流更多一些。于是，在西方的平安夜，孩子们都在热闹地庆祝圣诞节的时候，我把她的母亲约到了学校旁边的"有家酸菜鱼"（为什么约到这里，后续会谈到）一边吃饭，一边聊天。

"姐（这是我对很多女性家长的称呼），很开心您培养了这么一名好学生，感谢您。"作为开场，我一向如此。

她的妈妈很是欣慰，客气地说了几句话。

"今天，约您过来是想谈点不便公开的私密话题。"我的话语是想吸引她的注意。"丫头各方面都很好，你有没有发现孩子性格有些特别，不像其他女孩子那么阳光开朗，总是一个人埋头写作业？"

"是的，我也奇怪，你说我的性格这么开朗，孩子怎么会这样啊。我也希望她能像其他孩子一样开心快乐。"

"孩子没有和你聊过什么吗？"我把问题推给她，是为了引起她进一步的思考。她只是摇了摇头，表示不知道。是的，一个性格开朗的人，往往也是心思不细密、粗线条的人，她在生活中可能忽视了身边最亲的人。再加上孩子的成绩一直不错，对她来说，这就足够了。

"孩子的学习，在家里不是你管吗？"我明知故问，但还是要问。

"都她爸操心，我也管不了那么多……"

我知道，到我该出手的时候了。于是我把孩子的信拿给她的妈妈看，让她一个人安静地阅读了几分钟。

迦的妈妈泪光闪烁，她说："梅老师，我不知道该怎么做了。"

"或许这是你的家事，我不该干涉。但是，这是我的学生，更是一个可能无限美好的生命，我觉得有必要告知您。又因为顾虑到姐夫（孩子爸爸）的情绪，我今天才把您约到这里来。我希望问题能够得到解决，并且不会点燃您的情绪和姐夫的情绪，更不会因此而激化他们父女间的矛盾，甚至造成你们夫妻之间的矛盾,当然,我也不希望因此而造成孩子父亲对我的恨意……"我的话,很真诚。

迦的妈妈说:"我懂的,我会采取两全其美的方式来解决的。"

这件事后续是怎么解决的,我不清楚,但我从孩子后来写给我的一封感谢信里知道他们的问题解决了。阳光又重新爬上了孩子的脸庞,我知道,自己的努力有了结果。

类似这样的事情还有很多,涉及个体案例的解决,我们真的需要做好孩子和家长的中间人,这是家校合作教育孩子的必经之路,也是家校情感凝结的必然选择。

第七章　家校沟通的活动纬线

你言我语，在家长和孩子之间架起了一座桥，形成了家校沟通的第一条纬线，如果它让每个家长都能不断收到来自校方的消息，而感受到班级和孩子的变化，那么活动链接就是最直观的沟通形式。因为，再美好的语言呈现，都比不上实践更有说服力。

沟通，需要语言，更需要实践。基于家校沟通的实践，自然就是链接了家校的活动，它是家校沟通的第二条纬线。

第一节　怎样才算链接家校的活动

一提到活动，许多班主任都会认为这有什么可谈的，因为班主任工作的一项重头戏就是组织活动，哪个班主任没有几项拿手的活动呢？

可是，说到链接家校的活动，恐怕您的思维多少会停顿一下，因为您可能是第一次听到这个概念，而且并不是所有的活动都可以指向家校沟通，也并不是通常我们认为的家校沟通活动就具有沟通的价值。

这不是居高临下的告知，而是经历的现实给予我的深刻启示。

8年前带的郁歧班，和很多朋友一样，我误以为有家长参与的活动，就自带家校沟通的功能。后来，我发现自己真是太天真了。有人说，天真是幼稚的代名词。或许是对的，如果没有经验教训的积累，无论人生的年轮画了多少圈，那么在某些方面，你都可能是个幼稚的孩子——如彼时的我。

那时我自认为最重要的家校沟通活动是班级学生的生日会，因为孩子是家长的心头肉，为孩子组织生日会，家长自然就会感激班级，感激我这个班主任。

家校沟通，没有痛过你不会懂

印象最深的是那次——

一、全体同学合唱《友谊地久天长》和班歌《相亲相爱的一家人》，营造一种温馨如家一般的氛围。

二、生日同学风采秀。让每个过生日的同学展示自己最闪光的一面，全体同学为他们的精彩表演点赞。

三、小组生日礼物及最佳生日礼物评选。各个小组把别具匠心的自制生日礼物送给过生日的同学，并奉上本小组准备的节目。

（记得其中一个小组，用化学制剂做了一个燃烧的"生日快乐"牌。当五颜六色的火花溅出时，每个人的激情都被点燃了。）

四、我们的优秀组员。小组其他成员用讲故事的方式，讲述小组同伴眼中的寿星。这样既展示了同学的优点，又锻炼了孩子们的综合素养。

五、家长致辞：讲述自己眼中的孩子。

六、唱生日歌，吹蜡烛，切蛋糕。

在家长致辞环节，翀爸和文妈的发言感动了很多人。下面是文妈的发言：

致儿子：我是多么幸运

感谢生命中有你的陪伴。16年轻轻闪过，未曾察觉，时光便匆匆流走。我的日记本里有你成长的点点滴滴，书页里夹着你在幼儿园做的第一张母亲节贺卡，箱子里留着你的作文本、旧毛衣，更别说书柜里满满的相册……不用去翻开，每一件都会清晰地在我的脑海里出现。不能想象，如果没有你，我的生活会是什么样的情形？我是多么的幸运！

感谢生命中有你。从呱呱坠地到牙牙学语，再到我骑着自行车送你上学，已经有10年之久。每天的上学路上，我喜欢听你说学校里的林林总总，而后，你长大了，课业渐重，我的工作也占据了太多时间，我对你的关心很少能落实在行动中，但你能像爸爸一样支持我去实现自己的理想和价值。每当我遇到难题时，你还能贡献很好的建议，你给予我的远胜过我给予你的。你独立、自强，把自己管理得很好。我是多么的幸运！

感谢你让我成长。有了你我更能体会什么是责任。教育你的过程，也是自我教育的过程。每次批评你的时候，我都不免要思考：我要求你做到的，

第七章 家校沟通的活动纬线

我自己做到了吗？特别是最近一年多，我眼前定格的画面，大多是你坐在书桌前学习，这让我惭愧，没有更多的努力怎会有更多的收获？我是不是应该更加用心？！你竟然成了我的镜子。我是多么的幸运！

曾经脚边需要呵护、浇灌的小草，已经茁壮成长为一棵需要仰望的大树，迎接这棵树的肯定不会都是阳光雨露，它一定会经受风雨的洗礼。现在正是扎根的时候，根扎得越深，才能华盖如荫，才能正直挺拔。

我的儿子，你是我今生最珍贵的所得，正因为有你，我的生命才更加充实、更加丰富。所以今天我要说声：谢谢！

上面这段讲话感动了很多人，诚然，也让文闪出了泪花。彼时的我也以为这是家校沟通效果较好的体现，却没有想过，这只是家庭内部的沟通，或者是母子之间的沟通，和我无关，更和家校关系无关。

总之，整个活动内容丰富，得到锻炼的学生也很多。可以说这是一次比较好的活动，尤其是最佳生日礼物评选环节，让大家花最少的钱，收到最深的感动，还能最大限度地激发孩子们的创造力。当时，我试图通过生日会拉近家校沟通的关系。

8年之后的今天，再回头看这个生日会的时候，我发现，这个活动增强了班级内部的团结，给了过生日的孩子足够的展示平台，为他们的成长提供了一次良好的契机，更为和谐家庭关系提供了非常难得的契机。但是，至于我所期待的家校关系，却没有因此而得到提升。因为，家长关注的点全部聚焦在自己的孩子身上，聚焦在孩子成长的价值性上。

诚然，这是一个有意义，甚至意义很大的活动。但是，对于家校沟通的目的来说，效果甚微。或许您在这里会跟我辩论说："家长难道不会感激在背后策划和默默付出的人吗？"此刻，或许我无法用语言来让您相信我的言说，但我的经验告诉我，别高估很多家长的思考深度，他们看到的有时候仅仅是表象，而不会去想太多其他的事情。

您一定也有过这样的经验，很多家长不会站在您或者学校的立场上换位思考，而总是站在孩子的立场上思考——哪怕观点不正确，也会想方设法地坚持，因为"孩子总是自己家的乖"。

家校沟通，没有痛过你不会懂

这就是本节要和各位一起探讨的：家校沟通的活动价值评估。这个话题基于家校沟通这一目的，即任何脱离了这个目的的活动，我们都可以视为无效的沟通活动。类似的无效活动我组织过很多，凭借如此多的活动，最终还是落了一个被家长们举报，这不得不让我深思。

基于家校沟通的活动，绝对不是有家长参与就可以了，它一定要在家长和学校之间建立起一定的链接，让家长不需要怎么深入思考，就可以直观感受到。这样的活动，我们认为才是有价值的活动。

发生链接的，才是可能沟通的。

第二节　我的活动关照你的心

正如上节所提到的，有沟通价值的活动，一定要在家校之间构成链接，并可以让家长不需要多少思考，就可以直观感受到。

基于旧教训和新思考，我改变了活动方式。在设计活动的时候，我会同时考虑对孩子的培养和对家长心理的关照。表面上这些活动是班级的、学生的，而活动实际指向的却是家长的心理期待。

首先来看我们举行的第一次主题活动：卧室秀。

【活动目的】

针对学生：展示自己卧室的特点，秀出个性风采，锻炼布置环境和主题策划的能力。

针对家长：消除孩子在家里乱摆乱放的困扰，让家长省心，感受孩子的成长。

【活动要求】

要按照物品摆放、主体色调、主题寓意、创造性特点等方面，对自己的卧室进行布置。

【活动过程】

第一阶段：我型我秀

让孩子们自己布置自己的房间，用相机拍摄照片，然后在班级集中展示。

阶段阐释：第一个阶段，孩子们需要有心理适应的过程，尤其是平时没有养成整洁习惯的孩子，需要给他们留一段整理和布置的时间。让孩子自己拍摄的目的是，每个孩子都能展示出自己最想展示的角落，而不一定是整体展示。这样可以避免因差距太大而造成负面的影响。

第二阶段：创意比拼

家长和孩子们一起创造性地布置和设计房间，突出主题和色调等。

阶段阐释：让家长们直接参与，既能从中感受到孩子卧室的变化，又能沟通家庭关系，感受到孩子在活动过程中的成长。因为有了第一阶段的比较，孩子们就可以相互借鉴，并提升自己的布置品味。

第三阶段：突击展评

阶段阐释：活动目的是培养孩子整洁规范的品质，改掉之前事事依靠父母的习惯。这个阶段采取"突击"的方式，也就是说不公布展示的时间，统一时间让家长突击拍摄，汇总到班主任处，然后匿名展示。

我记得这次突击活动是周五进行的。因为孩子们也搞不清在哪天展示，所以每天都会把自己的房间收拾得十分整洁。过了周三，他们就会以为余下两天展示的可能性不大，会产生麻痹的心理。周四晚上我给每位家长发了这样一条消息：

感谢各位在"卧室秀"活动中对我和孩子们的支持，前两个阶段我们顺利完成了任务，达到了目标。第三阶段的展示需要您亲自拍摄，展示出孩子在"非准备状态"下的卧室情况，也是为了进一步解放您的"家务"，促进孩子的成长。拜请您在明天早晨孩子离开家后，拍摄孩子卧室的整体情况，传到我的电子邮箱。明天下午我们进行展示评比活动。如果届时您有时间，也请到班级做我们的嘉宾评委，共同见证孩子们的精彩，感受孩子们的成长。

家校沟通，没有痛过你不会懂

那天下午，共有七八位家长前来做我们的评委，并对活动做了点评，也谈了自己的感受。

【价值剖析】

不可否认，很多孩子根本不去整理自己的卧室，经常乱七八糟地堆放物品。最终都是父母帮助收拾"残局"。很多家长感到苦恼，但没有合适的解决办法。我们的活动在培养孩子们养成良好品质的同时，又可以分阶段、有步骤地帮助家长们解忧。尤其是第二个阶段和第三个阶段，家长直接参与，更能让家长亲身体会到孩子的成长。这种"我的活动，你的心"的活动内容，链接了家校之间的关系，自然也就具备了家校沟通的价值。

整个活动持续了三个星期，因此根据行为心理学的原理，21天可以养成习惯。我不期望每个孩子都能因此而形成整洁的习惯，但我相信他们在很大程度上有所改变。孩子的改变，最终才会成为家校沟通的压舱石。

我们开展的第二项有意义的活动是"厨艺大赛"。因为现在很多孩子不会做饭，总是衣来伸手，饭来张口，更不会主动去做家务活儿。我试图通过"厨艺大赛"让孩子们试着学做饭，具备独立生活的能力，懂得做点家务。

【活动过程】

第一阶段：印象美食谱

让每个孩子介绍自己吃过的印象最深的或者最有特点的美食，请教厨师或者从网上搜集资料，介绍这道美食的详细做法。

记得当时燕介绍了一道菜叫"红烧臭鳜鱼"。说他们一家去安徽绩溪旅游时吃了这道菜，像臭豆腐，闻着臭，但吃起来很香。她回去查了这道菜的相关资料和做法。还给我们讲述了关于这道菜的一个传说——

徽州府有个姓苗的酷吏当知府，他食不离鱼，偏爱吃活蹦乱跳的鳜鱼。

这可难坏了他手下的衙役们,因为徽州人吃鳜鱼都要从沿江地区肩挑运来,往返一趟要六七天。当时没有保鲜设备,鱼一腐烂就只好丢弃。

有一年,经常给苗知府运送鳜鱼的衙役王小二看天气转凉了,就雇了8个杨家庄的杨姓挑夫到江边去收购活鳜鱼,然后赶紧往回赶。可是天公不作美,上路后天气热了起来,鳜鱼在桶中开始窒息。王小二只好催促挑夫日夜兼程往前赶,到了扁担铺住店后,王小二打开桶盖看看,不少鱼已经窒息而死了,散发出一股臭味。王小二着急了,所幸他脑瓜灵活,情急生智,忙叫挑夫把鱼刮鳞剔腮,剖肚剔肠,然后在鱼身上抹上一层食盐杀杀臭味,这样不至于亏本。为试鳜鱼"腌鲜"的味道如何,王小二从桶中提出几条大鳜鱼,叫扁担铺的厨师煎烧。厨师放了佐料红烧后,大家试着尝了尝。真是不吃不知道,吃了吓一跳。大家认为虽与鲜鳜鱼味道相差很大,但别有一番风味。

王小二的兄长王老大是一名厨师。王小二一到徽州府,没有忙着去衙门复命,而是将8个挑夫挑回来的16桶臭鳜鱼全部交给了王老大。王老大请来城里的诸多厨师,洗净臭鳜鱼,然后配姜、蒜、椒、酱、酒等佐料精烧细制,又写了一条"徽州珍品风味鳜鱼应市,本店免费品尝"的横幅,立即吸引了许多顾客。大家吃过鱼后,都连连道好,问王家兄弟是用什么神奇的佐料烧制的,王家兄弟笑而不答。

苗知府没有如期吃上王小二买的鲜鳜鱼,早已对鱼垂涎欲滴,正在这时,王小二从府前街端了一锅给苗知府品尝,知府吃了还想吃,不再向王小二追问鲜鳜鱼的事了。臭鳜鱼由此声名远扬。

这个故事听得让人垂涎欲滴。接着燕介绍了自己从网上查到的这道菜的做法。

还有"可乐鸡翅""凤凰拼盘""凤阳豆腐""辣妹子""荸荠红烧昂刺鱼""凉拌白萝卜丝"等,听说过的或没有听说过的,一经孩子们介绍,我脑海里便是"满汉全席"。孩子介绍的过程,也是开阔视野的过程和调动孩子们动手尝试的过程。

第二阶段：菜鸟试牛刀

这个阶段选择自己喜欢吃的菜，查找菜谱或请教他人，在家里自己尝试做菜。

这个过程家长可以看到孩子的动手能力。无论尝试的结果如何，都可以感受到孩子们的成长。

然后，家长们品尝后，给自己的孩子打分，并将打分的结果汇集到家委会处，家委会进行评价、表彰等。

第三阶段：小组最佳厨

在"菜鸟试牛刀"之后（诚然是多次尝试），接下来我们进行"小组最佳厨"的比赛活动。以小组为单位，在某个同学的家里，个人购买食材，进行聚餐活动。家长们做评委。

在这个活动中，家长们也会做自己最拿手的一道菜。在聚餐的过程中，让小组内部关系、家庭之间的关系变得更加和谐，也让孩子们有了一次面对面的"厨艺大比拼"的机会。

诚然，这个阶段的活动要负责选出小组内部的"厨神"，为下一步班级举行的"厨神大比拼"做准备。

第四阶段：厨神大比拼

当选出小组"厨神"之后，选个周日下午，我们进行了班级"厨神大比拼"活动。

每个小组的"厨神"做好一道代表自己小组水平的菜，分成28小份（自己小组成员除外）带到学校，其他小组成员品尝后打分评价，评选出6名班级"厨神"。

【价值剖析】

现在的孩子越来越依靠父母，不要说做饭，就是做点家务都十分困难。这项活动的开展，在孩子们学做菜的过程中，家庭内部关系和小组内部关系都更加融洽了，有助于提高孩子的生活能力，让孩子体会到家长的不易，体谅家长的心，慢慢地学着帮家长分担家务。

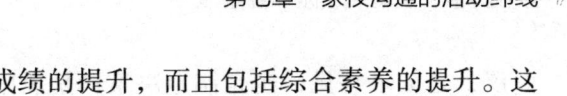

孩子的成长，不仅仅是学业成绩的提升，而且包括综合素养的提升。这种"走心"的活动，不就是用最直接的方式告诉家长们，孩子在成长吗？

走进了家长的心，自然也就贴近了家校的心。

当然，此类活动的方式还有很多种，在这里我只是把做过的一点点东西呈现出来，给正在阅读的您提供参考。如果您认为这种参考有价值，那对我来说就是莫大的幸福了。

第三节　我的，就是你的

是的，活动，要能够将家长和学校链接起来，才具有沟通的价值。诚然，您也是知道的，如果仅仅举行这样的活动，那么还会有人不满意，因为受太多教育现实的影响，不少家长的脑海里只有学习、分数的定义，而没有对孩子全面发展的理解。

沟通，不是大部分家长认同就大功告成了，因为千里之堤往往溃于一个小小的蚁穴，班级沟通的"大堤"往往也会由于极个别的家长而溃败。正如我在第一章中提到的，极个别的家长就可以让我至今心痛不已。所以，在活动之外，一定要让家长参与到具体的班级建设中，让家长扮演班级主人的角色。

这是我带郁歧班所缺乏的。因为当了多年的班主任，对于如何带好一个班自然会胸有成竹，于是往往按照内心的"谱"来决断。事后我才明白，无论一个人多么"英明智慧"，都不可能让班级"滴水不漏"——"漏水"的地方，就是失败的开端。倘若你让家长们参与到整个过程中，即使中途有些许波折，他们也会理解，因为他们是参与者，自然也就是其中的是非曲直的见证人。

于是，在带羽翾班时我懂得了，一定要让家长参与到班级建设中来，让他们意识到"我的，就是你的"。

正如本书第一章提到的那次高大上的活动策划——在寒假里，在还没有开学的日子里，我就和家委会的成员相约茶馆，共同商议下个学期的大事。

商议，是征求意见，也是制定决策；是风雨同舟的理解，也是节奏路线的把握。我心里明了，家长们心里也明了。路，即使不好走，家长和老师也会一起走下去。

那次高大上的活动之后，我们在家委会的指导下，经过广泛征求意见，召开了以"高考节奏背景下我们的策略"为主题的家长会。家校共同商议如何走好关键的几步路。

那次家长会是这么开的。

一、彼时的我们

一个本科模拟上线率为0%的班级，唯一的一个；

一个因为特殊原因两个主科老师无法全心工作的班级；

成绩最好的同学，年级排名第142名；

一个有很多荣誉却不被认可的班级。

（呈现目的：让大家认识到我们的基础薄弱和曾经的"屈辱"，让每个孩子和家长感受班级走到今年的不易。）

一个决心换种活法儿的班级；

一个第一次月考本科模拟上线率为18%的班级；

一个第三次月考年级排名第三的班级；

一个早读声音最响亮的班级；

一个第一个月就拿流动红旗的班级；

一个第一次月考数学超年级平均分5分的班级；

一个第一个学期结束成为"优秀班级"的班级。

（呈现目的：我们的努力奋斗证明我们可以变得更好，调动孩子们不断努力和家长们奉献的热情。）

二、彼时的誓言

周五晚上我们组的成员就完成了作业，周六大家都放弃了去看电影的机会，决定到凤凰书城一起学习。那天，我们几个一起学习的身影显得与众不同。我心里满满的，有一种说不出的幸福滋味。

好充实的一天啊！我对生物一窍不通，今天开始从头学起。我发现自己渐渐地能跟上老师的节奏了。我还充分利用晚上的时间，不光把英语单词背了下来，而且预习了明天的生物课。我身边的人都有很大的变化，他们都是那么的努力，我不会输给他们的。

不久前，我们组又多了5个兄弟姐妹，我们是一家人，不允许任何人伤害我的家人，我也不想看到家人伤心。今天芳因为做不出题目哭了，整个小组的成员都在安慰她，给她讲题目。这幕情景真的很温暖。课业难度在慢慢地加深，作业也渐渐地多起来。我呢？有强迫症，写不完作业，中午都睡不好午觉。其实，在班级这个大家庭，每个人都憋着一股劲，都很上进。

（呈现目的：带领家长们一起回顾走过的路，也让孩子们重温过往，明白现在的成绩来之不易，也明白只要我们有决心，就可以做得更好。）

三、刚刚的身影

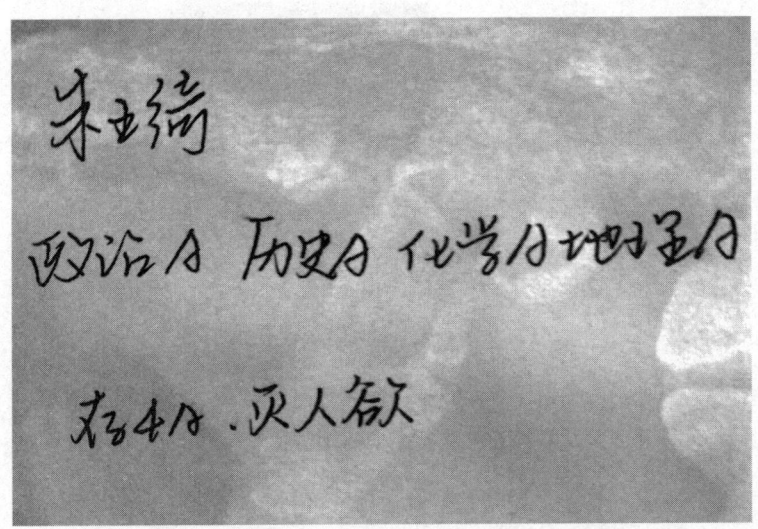

我的旁白：看到这张图片的内容，不要轻易说我们的孩子有些"变态"。特殊时期为了特定的目标而奋斗，这是一种值得敬佩的精神。我可以很坦然地说，这是一个非常阳光、可爱的孩子。

家校沟通，没有痛过你不会懂

我的旁白：这是学生上课时全神贯注的样子，用强大的内心和专注的态度做事，没有实现不了的梦想。

我的旁白：地板很凉，但你的梦想很热。无论怎样，付出了就好。请记住：你赢，我陪你君临天下；你输，我陪你东山再起。

（呈现目的：看看过往，我们不仅有誓言，而且有实实在在的行动。正是仰望星空的梦想和脚踏实地的行动，才让我们有了不小的进步。让家长们看到班级的新鲜气息，感受一起坚持的希望所在。）

四、我们的将来

1. 班级组织生态的变革。

组别 科目	第一组	第二组	第三组	第四组	第五组	第六组
数学	1	2	3	4	5	6
英语	2	3	4	5	6	1
语文	3	4	5	6	1	2
科目一	4	5	6	1	2	3
科目二	5	6	1	2	3	4
科目三	6	1	2	3	4	5

（呈现目的：构建一种信息互赖的班级生态，让每个孩子都有存在感和归属感。在此基础上构建一种情感互赖、目标互赖的内部组织形态，发挥合作学习的最大优势。）

细心如您，一定记得我在前文提到过这个表格，但是，这个表格并非一开始就采用的。它需要在班级发展到一定阶段才可以使用，这是任何一个班主任都应该明白的——班级发展，是需要节奏的。最起码，这个表格是班级的正能量氛围逐步形成之后才能采用的。

2. 筹备班级活动项目，通过活动激活班级。

3. 以优评价促发展。

评价互赖，是促进合作学习最重要的因素，为了调动孩子们学习的积极性，大家一起商议如何进行评价。

（1）中期兑现采取哪种形式？物质的还是精神的？如果是物质的奖励，怎么做好？如果是精神的奖励，如何持续？

（2）有哪些更好的方法可以促进孩子的成长？

4. 家长论坛。

（1）提出困惑、意见或建议,敞开胸怀议班事。

（2）我来给孩子们讲点什么？家长讲堂进教室。

（3）我能为孩子做哪些创造性的工作？班事，不仅仅是班主任的事儿，更是"我"的事儿，让家长们彻底树立起"主人意识"。

（4）如何在行动中调动其他科任老师的积极性？

本次班会课是小高考结束之后召开的。通过前面的阅读，你一定已经发现，我们举行了一次大的集体活动，激发孩子们的斗志，引导孩子们科学规划时间和调整心理等。但是，小高考结束之后，学生便进入了准高考的状态，在这种背景下，班级该怎么走，这是一个相对重要的问题。如果此时不和家长沟通，而是班主任一人主持，顺利还好，如果不顺利就会出现各种问题。

所以，这次班会课，也是一次有特殊意义的家长会，既让家长树立了信心，又为他们指明了方向，更重要的是，很多策略需要家长们提出、分析和实施。知晓的过程，也就是不断深入参与的过程。家长的深入参与，是有效的沟通方式之一，因为此刻的班级是我的，更是你的。这就改变了通常开家长会你讲你的，家长听他的，最后还是两张皮的情况。

开展链接家校的活动抑或是召开班会（家长会），其实是用"我们"（学校）的行为，来满足家长的心理期待，它们构成了家校沟通的第二条纬线。

第八章　家校沟通的层递纬线

当岁月无法翻转的时候，不必叹惜。人生亦无法从头再来，但我们可以回望双脚踏过的每一个足印，因为那才是一个人由混沌走向清明的最佳路径。

前两条纬线的构建，可以让家长感受到班级的生机与活力，感受到班级清晰的发展路线。如果像我带郁歧班那样，把班级发展的线索单一化，那么会注定失败。所以，班级品牌的层级打造，才能最直观地体现班级的提升，也是家校沟通中最重要的一条纬线。

第一节　单一线索的悲剧

或许，您不明白什么是单一线索。因为，很多人和我一样深处其中。人生的许多悲剧都是因为深处其中，而无法看清外部的世界。很多班主任，如我当初一样，有视域的长度，却没有视域的宽度，这就会在带班过程中出现问题。

各位如果认真地阅读了前面的文字，一定会发现，尽管我在8年前带郁歧班时，也开展了很多活动，但我的带班线索是单一的。

一开始我便让班级驶上了一条单行道，且把成绩作为唯一的带班路径。把入学成绩的排名说成第三，在分数方面进行鼓励，而没有从其他方面进行综合考虑；每次月考之后，我会给孩子们分析各门课程的成绩，为他们加油或者寻找方向……其间，我不在乎其他任何一项评比（例如卫生），认为只要有了分数，就有了一切。分数成了唯一一条牵引着班级不断前行的线，准确地说是一条铁轨。在这条铁轨上，列车只能前行，偶尔可以停留一下，但绝对不能后退。

所以，当考试成绩一次次出现起伏的时候，也就是说当这条唯一的轨道开始动摇的时候，孩子们就对班级产生了怀疑，家长更是对我这个班主任产生了怀疑，以致后来产生各种各样的不满，甚至直接向校长举报。

有时候想想，所有校长让我反省这件事情的发生是多么具有必然性。虽然说"分数是学生的命根儿"，但如果单一地去抓分数，那么也会出现危机。因为在分数这条单行道上，很少有人是常胜将军。但，这条道，注定是要一直前行的。

于是，就产生了矛盾。自然，问题也就产生了。

假如当时我能够将视野放宽一点，而不是只盯着分数；假如我班的某一项工作成绩明显高出其他班级一大截，即使成绩出现起伏，家长们或许也是可以接受的。因为"某一项"工作成绩的取得，在某种程度上就代表一个稳定的"后方"，或者说是一个垫得很坚实的台阶。无论分数有没有起伏，这个台阶是坚实的，班级的"这一方面"的进步实实在在地摆在那里。在此背景下，暂时失守分数这块阵地，也是可以接受的。

我当初没有"这一方面"的台阶，因为我压根儿就没有"台阶"意识。所以才酿成了悲剧。好在站在今天的人生起点上，我的目光不再死盯着分数，而是拥有了更宽广的视野。这个宽度，是我的财富。书写出来，也一定会对您的工作有所帮助。

第二节　说品牌班级，并非闲话

说这节内容是闲话，因为它不是直接在谈家校沟通；说它并非闲话，一是因为它和家校沟通有很大的关系，二是因为谈到品牌班级，当下教育圈里存在不少误区。

说是误区，您可能会很反感：就你知道什么是品牌班级，我们难道都不知道吗？您先别生气，咱慢慢聊聊。

您说，什么是品牌吧？"品"字三个口，"三"为虚数，一如"三人行，必有我师"，也就是说"众口"。成为品牌班级，最起码要具备"有口皆碑"

这一条件。您听说过高金英老师的宏志班吗？您听说过很多"品牌班级"提倡者的班级吗？您可能没有听说过。听都没听说过，也就是没有"品"；没有"品"，又何来的"牌"呢？所以，这些轰轰烈烈的"品牌班级"是值得说道说道的。

于是，我百度"品牌班级"这一关键词，发现所谓品牌班级，无非是为班级取一个班名、设计一个班徽、创设一套文化、构建一种制度等的综合体，认为有了这些就有了品牌班级。很多班主任也不辨是非，拿来就用，然后就说自己的班级也是品牌班级了。用了这些名头之后，有的人打造的班级似乎也没有成为品牌班级，而只是成为个人认为的品牌班级而已。

或许有的朋友会说，谁可以达到高金英老师的水准呢？或许你达不到高金英老师那样的水平，你至少可以打造一方或一校名班吧。若无，又怎能称得上品牌班级呢？华为、小米，我们可以说是品牌手机，说它是品牌，因为家喻户晓。国内生产手机的企业多如牛毛，每个企业都有它的企业名称、标识、文化等。它们为何没有生产出品牌手机呢？因为它没有做到"名著一方"，它的品质上不去。

"品牌是企业或品牌主体一切无形资产总和的全息浓缩，而这一'浓缩'又可以以特定的'符号'来识别；它是主体与客体、主体与社会、企业与消费者相互作用的产物。"对于一个品牌来说，是内涵的发展使它具有了品牌的价值，而不是品牌设计使它具有了品牌的价值。设计的东西，无非是用来识别的"符号"而已，作为前提的"一切无形资产总和的全息浓缩"还没有呈现出来，也就是说还没有影响力。

所以品牌班级的打造，并非设计一套自认为可以做"品牌"的项目就能成为品牌班级，而是班级的主体存在与对客体的广泛认同等相互聚合，并产生了一定效应之后，才使班级具有了独一无二的声誉或价值。这种声誉或价值才是品牌；这样的班级才可以称得上品牌班级。

如何才能不断提升班级内涵，让班级成为品牌班级呢？需要植入另一个名词——班级品牌。拿餐饮品牌企业"外婆家"来说，它的菜肴品质、上菜速度、服务态度等，都是其他餐饮企业难以比肩的。正是这些企业品牌的组合，才成就了"外婆家"。再如火锅品牌"海底捞"，它的服务的前瞻性、服务的细心度、服务的附加值等，都是超一流的。这些"超一流"的单个品牌组合，才成就了"海底捞"这一火锅行业里超一流的品牌。

所以，品牌班级一样，它需要从班级品牌入手。而班级品牌最主要的特征不在于它的独特性，而在于它的超越性。也就是说，你做的不一定是与众不同的，而是面对同样的事情，你班做的要超出别人几个档次。这种超越性才会成就你的班级品牌，因为一旦在学校提到某个项目，大家自然而然想到的就是你班，正如一提到国产手机就自然会想到华为等一样。

那么，如何从班级品牌入手打造品牌班级呢？先分享一个理论——破窗理论。

美国斯坦福大学心理学家津巴多曾做过一项试验：他找来两辆一模一样的汽车，一辆停在比较杂乱的街区，一辆停在中产阶级社区。他把停在杂乱街区的那辆车的车牌摘掉，顶棚打开，结果一天之内这辆车就被人偷走了。而停在中产阶级社区的那辆车过了一个星期也安然无恙。后来，津巴多用锤子把这辆车的玻璃敲了个大洞，结果，仅仅过了几个小时，它就不见了。

后来，政治学家威尔逊和犯罪学家凯琳依据这项试验，提出了"破窗理论"。该理论认为：如果有人打破了窗户的一扇玻璃，而这扇窗户又未及时修理，那么别人就可能受到暗示性的纵容，去打破更多的玻璃。久而久之，这些破窗户就给人造成一种无序的感觉。在这种麻木不仁的公共氛围中，犯罪就会滋生、蔓延。

很多人看到破窗理论，首先想到的是如何防止"第一块玻璃"被打破，或如何尽快修复"第一块被打破的玻璃"，而忽视了对这一理论的倒用。

如何倒用"破窗理论"呢？美国纽约市警察局局长布拉顿可以说是"鼻祖"。当时纽约地铁被认为是"可以为所欲为、无法无天的场所"，针对地铁犯罪率不断飙升的现状，布拉顿没有全面出击，而是全力打击逃票。结果，从抓逃票开始，地铁站的犯罪率竟然有所下降，治安状况渐渐有了好转。

若把整个纽约地铁当作完全打碎的玻璃窗，布拉顿的做法是"补窗"，补一块玻璃，窗户上就多了一块玻璃，慢慢地，就可以逐渐将窗户补完整。

建设品牌班级也一样，在这之前，班级在品牌方面肯定"一无所有"。那么我们也可以"白手起家"，打造一个个小的班级品牌，让诸多班级品牌最后汇聚成品牌班级。

也就是说，班级品牌的打造，需要具备下面几个条件：

第一，要有节奏性。打造品牌班级绝不是让几个班级品牌一下子上马。例如设计了班名、班徽等项目之后，就赶快让学生讨论决定，最终形成方案等。没有任何一个班级可以在短期内实施上述所有项目，全部都抓的结果往往是什么都抓不住。正如纽约地铁站，如果布拉顿对所有问题全面出击，其结果可能是警察劳累不堪，效果却寥寥。这就是很多班主任设计很多项目，也做了不少努力之后，最终班级也没成为校内名班的原因。从"补窗"入手，有计划、有节奏地打造班级品牌，是打造品牌班级的必由之路。

第二，要由易到难。班级品牌打造要遵循由易到难的规律。当一个个让孩子们易于接受的品牌打造出来之后，孩子们的心理上就会产生自豪感，这是朝下一个品牌进军的动力。如果不顾孩子们的心理接受能力或者超越了孩子们的能力范围，那么是不可能打造出班级品牌的。例如，班级的基本纪律、卫生都解决不好，就开始打造"全校文明班级"，这是不可能实现的。因为班级品牌的打造，不是一句口号就可以解决的，而要与学生可能的发展高度相契合，是学生跳一跳就能达到的。

第三，要有系列性。如果整个品牌班级的构建是填满一个方框，那么填入框内的每个个体品牌就应构成一个系列。这里所谓的系列不是说班名、班徽、班服等一系列的项目，而是如登楼时所踩踏的一个个台阶。当然，这个时候您就明白了本节内容和上节内容的关系。

总之，打造品牌班级，不是给予一个品牌就能成为品牌班级，而是打造了一个个班级品牌之后，让班级品牌的集合成就品牌班级。品牌班级也不是"牌"带来班级效应，而是班级效应带来的"牌"。从班级品牌到品牌班级，这条路一定不能走反。

可惜，有很多人不明白其中的道理。所以，"品牌班级"喊得震天响，班级建设却依然在贴着地面滑行。

经由一个个"班级品牌"的打造，就能够摆脱分数这一单一线索，而走向"板块式"行走的过程。每一个"板块"的落实,都是孩子们、家长以及其他人士看在眼里的实际进步,都是垫在脚下的最踏实的台阶。有了它们的存在,即使分数上有些许起伏,家长们也会坦然接受,因为这些台阶让他们感觉到了踏实。

这是班主任视域的拓宽,也是家长们心理接受的拓展。

如此,这一节哪里是闲话啊!

第三节 让家长感受班级的层级提升

还好,经历过失败,我就知道该怎么做了。

接手羽翾班的时候,我自然明白一个个班级品牌的打造,可以让家长感受到班级层级提升的美好。

但是,给什么和如何给,这是很有讲究的事情。

诚然,我们不能忘记打造班级品牌的两个目的:一是带好班级;二是沟通好家校关系。为此,"给什么"和"如何给"这两个问题,一定要有家长的参与。

于是,我们采取了三级家长会的方式,商议如何打造班级品牌。

一、班主任和家委会的会议

第一级会议是班主任和家委会的会议。由我向家委会成员介绍"从班级品牌到品牌班级"的打造及其意义,介绍学校的大环境和班级现状,然后大家一起探讨如何调动全体家长的积极性和学生的积极性。

经过商议,我们决定从早读品牌、跑步品牌、研修品牌、生态品牌、卫生品牌、宿舍品牌、学法品牌、绅士/淑女品牌等几个品牌入手,内容涉及常规管理、学业提升、生活环境、个体修养、品质提升等多个方面。

这是一次纲领性的总动员会议。如果第一次会议选择在全体家长会上召开,那会因为杂乱而得不到结果。即使能产生结果,也多为班主任的一言堂。诚然,一言堂就违背了家校沟通的要旨。

沟通，不是告知，而是了解、商议、妥协和形成共识的过程。

二、家委会指导下的局部会议

第二级会议是家委会指导下的局部会议，由三个家委会成员负责，每个家委会成员分别组织两个小组的家长召开会议。传达一级会议的精神，征求大家的意见，并把设定的几个"班级品牌"按照频率和节奏两个维度进行排序。然后商议作为家长如何协助老师，把设定的"班级品牌"落实到位。最后家委会进行汇总。

在这级会议上，家委会成员要具体介绍学校的环境。例如10分钟早读结束之后，不少班级往往就没有了声音，为了应付领导检查，很多班级就让科代表带领全班齐读。而领导一离开便成了"这里的黎明静悄悄"的现状。根据这种情况，家长们认为我们可以从早读入手，打造第一个班级品牌。因为从整体来说，别班的早读不景气，这是我们最容易超越别人的地方，也是可以大幅度超越别人的地方。所谓品牌，不是做到比其他班级优秀，而是做到大幅度超越其他班级，这样你才能如俞敏洪所说，"让人在遥远的地方就可以看到你，记住你"，而不是别人。所以，我们决定把早读品牌作为第一个班级品牌。

又因为我们班成绩较差，如果与别人比分数，肯定是较落后，甚至很多行为习惯方面也远远落后于其他班级，那么在早读品牌之后，我们最容易做到的就是"体力活儿"——跑步。虽然说跑步是学校的一个品牌，但仍然存在着不少问题。如果我们班能克服这些问题，再提出一些有创意的要求，那么我们一定能够让别人一提学校的跑步，就自然想到我们班。为此，我们决定将跑步品牌作为第二个班级品牌。

在这两个品牌基本成形之后，班级就会在一定程度上得到别人的认可，学生的自信心也会有很大程度的提升。但是如何让学生将这种劲头保持下去，以及如何提升品牌的品质，这是很重要的课题。为此，家长一致决定要打造一个"研修品牌"，也就是整合家长的资源和能力，选择一定的学习材料，进行固定时间的集体研修，让研修明确方向，让研修注入动力，让研修使品牌构建可持续发展。这成为了第三个班级品牌。

第四个品牌是生态品牌，即创设良好的教室环境，既可以愉悦身心，又可以增强班级凝聚力，提升孩子们的自豪感，同时还可以锻炼孩子们的创造力。正如上文所谈，在无法和别人比分数的时候，可以寻找别的出路。于是家长们一直认为我们可以把班级打造成一个生态班级，让教室成为一个具有一定主题，又充满温馨和梦幻的地方。

很多朋友，包括一些家长起初也不太理解，为什么要花这么多精力来打造教室环境。其实，对于我们这个特殊的班级来说，增强孩子们的自信心非常重要，而自信心的增强靠的不是简单的励志，而是在"与众不同"中，吸引别人的目光。确实，当我们布置完教室之后，很多路过我们班的老师、同学和家长都会投来羡慕的眼光。很多别班的孩子说："在他们班好幸福！"这些，对于树立自信心十分重要。

那么在这之后，特别是第四个品牌确立之后，势必出现第五个品牌，那就是卫生品牌。很多人也会产生疑问，一如家长们就对此提出异议，认为应该先打造卫生品牌，然后再去打造班级生态品牌，他们认为只有卫生搞好了，才能去考虑别的。针对这一点，大家的争论很激烈，最后还是被一个学心理学的家长说服了。

他说："卫生拿第一名很简单，但是如果想超出别人一个档次，那就需要有创意，而不是拼命地去打扫。但孩子们不知道，肯定会花很多力气去打扫，可时间一长，也不见得能成为品牌，因为他们不知道需要有创意，才能形成卫生品牌。而一旦他们明白了这一点，那不就相当于在建设班级生态了吗？所以，我们干脆先把'高大上'的班级生态建设好，后续在维护这个生态的过程中，同时来打造我们的卫生品牌。"

行家出手，确实不一般。

卫生品牌确立之后，班级的凝聚力空前高涨，学生的自信心得到了极大的提升。由于大家心里比较着急，关于下一个品牌是学法品牌还是宿舍品牌产生过争议。学业成绩的提升是家长们关注的重点，但不应急于求成，而是要从边缘入手，正如正在探讨的品牌班级，只有每一个小的班级品牌打造好了，才会有最终的品牌班级。而学业成绩的提升，也需要解决相关的问题，最终才会有学业的提升。大家讨论后认为，应该先打造宿舍品牌，改变孩子们一回到宿舍就玩手机、打游戏、胡侃打闹的状态，改变宿舍的环境布置、学习生态，让宿舍成为孩子们综合提升的"第二战场"。我们班约有一半人住宿，宿舍品牌的打造，就等于让班级的一半人得到了提升。

前几个品牌打造好之后，理论上我们就可以成为学校一道亮丽的风景了，班级的学生也可以"抬起头来做人"了。为此，我们需要打造核心品牌——学法品牌。一个起点低的班级，班级自信心的树立非常重要，但是如果只靠信心，而没有方法，班级学业成绩的提升也会变成一句空话。所以，我们需要打造学法品牌，集中精力在学习上赶超别人。

后来我们还确定了绅士/淑女品牌。这是为了提升孩子们的个人修养，做最完美的自己。当然可能还有其他品牌，当时的会议上讨论的品牌和基本的排序就是如此。

读者朋友一定看出来了，这里的品牌的排序，其实是最重要的工作之一。如果前后顺序颠倒了，可能就会劳而无功。教育，需要热情，但更需要智慧。没有科学、理论的指导，只凭一腔热情就会变成蛮干。

此次会议是为了让全体家长参与班级事务，拥有"主人"的身份认知，对班级动态有所了解，更是为了让"班级品牌"的落实具有科学性，而不是脑门儿一热统统上马。

三、分小组家长会议

第三级会议是分小组家长会议。各个小组领到任务之后，对每个品牌的打造细则进行探讨和交流，提出自己小组的可行性方案，做好自己孩子的思想动员工作。

大家讨论的"早读品牌"方案如下——

①每天早晨 6:40，没有重要工作的家长到教室门口迎接每个孩子，统计每个小组到达教室的人数，每到一个学生给该小组加 2 分。

②早上 6:50 到教室，每个孩子给小组加 1 分；早上 7:00 前到达，每人加 0.5 分。7:00 家长离开学校。

③语文老师或英语老师每天在黑板上书写"早读效果最佳是第___组"。

一周统计一次,统计最多的加50分,发荣誉证书。

④附则是具体的"最佳"考评项目,例如声音大小、规范程度、效果测评等。

学法品牌基本上以一次班会课内容为范本。为了让正在阅读的您有全方位了解,我将主题为"合作学习背景下自主学习策略"班会课的内容呈现如下:

一、为什么要自主学习

1.教学层面:教学生学会学习,学会学习才是关键。

2.学生层面:学生因为自主学习而变得主动,没有主动的自主学习,学习就不会有好的效果。

3.科学研究的结论:

(1)一个人之所以能获得成功,其自学品质占78%的比例。

(2)正常学业状态下,自主学习效率是被动学习效率的4倍。

二、什么是自主学习

自主学习是基于自我发展最大化需要的主动学习方式,是自我选择、自我设计、自我扩充、自我评价的综合体。

三、合作学习背景下自主学习的基本要求

1.共赢互赖的教育情境的建立。

要胸怀宽广,不要看不起某个同学。要用自己的真诚和爱心去帮助别人,因为我们是一个集体,是一家人,对于我们这个集体来说,谁掉队都是不光彩的。

2.明确合作分工与责任担当。

(1)学科分工。要注意"空档"时间的学科分配,不要有了自由的时间却手忙脚乱,不知该做什么。

(2)具体学习情境的分工——计划员、监督召集员、重点记录员、节奏控制员、课后梳理员等。

节奏控制——以45分钟课堂为例:自主学习20分钟、合作交流10分钟、后续自测15分钟。其他时间互学互教。

节奏控制——以1小时课堂为例:自主学习30分钟、合作交流10分钟、

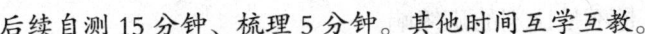

后续自测 15 分钟、梳理 5 分钟。其他时间互学互教。

（3）责任担当——孤岛效应，每个人都是整体的一部分，只有每个人都尽职尽责，才能保证整体的效果。

3. 要有明确的学习计划与拓展机制。

4. 要有强大的计划执行力和意志品质。

当然，各种互赖机制的建立，就是班级构建层面的问题了，此处不谈。

班级生态品牌构建也比较有特点，从主题色调、主体架构、文化设计等方面进行统筹。显然，这是将"班级品牌"的打造进一步具体化，把行动由理论转化为实践。班级品牌的设计和逐步实施，让家长们有了班级的"主人翁"意识，也增强了见证班级一步步走向"品牌班级"的信心。

第四节　见证，有效沟通的体现

正如一个装修工人，告知房主下一步将会铺地砖，也和房主商议买了地砖，且明确地告诉了房主先铺哪块地方，后铺哪块地方。或许此刻这位装修工人会长吁一声：总算完成了对房主的交代！但是房主会这样想吗？可能不会，因为房子是他的，他不会因为装修工人告诉他会做好，就完全放心了。房主需要看到实际的效果。所以，对于家长来说，只有看到班级发生了真实的变化，才会对班主任、对整个班级产生真正的信心。

你一定看到了，在打造第一个班级品牌的时候，我们的家长会提前到教室门口，迎接每一个孩子的到来，等孩子们都到教室后，他们才离开。而现实情况是，很多家长如果没有急事，他们不会离开，而是整个早晨，在孩子们看不到的地方，观察孩子们的表现，甚或躲在角落里拍下孩子们的早读照片。如果科任教师到的稍微晚一点，他们会在教室里拍下视频（诚然，您会担心这会影响孩子们的早读情况，其实并非如此，一两次会影响，时间久了，孩子们慢慢就习惯了）。然后，家长们会将照片和视频上传到家长群里，让大家共同感受孩子们的表现。甚至，一些家长会在学校里转悠，看自己孩子所在的班级的早读声音，是不是比别的班级响。

在决定打造什么样的班级品牌之前，我们对学校的整体情况和班级情况进行了分析。就拿早读品牌的打造来说，我们经过分析得出很多班级是为了应付领导检查的。当领导检查完之后，很多班级的早读声音基本就消失了。我们有好的评比机制，因此家长们比较之后，对我们班超越别人的地方表示肯定。再加上别班早读声音消失的时候，我们班的早读声音会传彻整个校园。一开始别人会把我们当作"奇葩"，但一直保持下去，就会形成对我们赞誉的口碑。有了口碑，才会逐渐形成我们的品牌。何况这些品牌是家长们可以直接见证的事实，还有什么比这更有效的沟通呢？

后续在打造任何班级品牌的过程中，家长都会隔三岔五地来学校，和孩子们一起经历，也见证成长。

这一节内容很短，但我觉得有必要和读者朋友提出来。这是家校沟通中的第三条纬线，也是最重要的一条纬线。

其实，读到这里，你就明白了班级品牌打造的过程，就是一个班级由一般到优秀的成长过程。只是在这个过程中，班主任需要根据班级实际情况来设计品牌，并科学地安排好品牌打造的顺序。

因为 8 年前我不知道这里的奥秘，所以，我未能让郁歧班一路收获鲜花，而是有了起伏。如果当时懂得这些，后来又何至于会发生尴尬的事情？

第九章　家校沟通的个体纬线

一花一世界，一叶一菩提。每个孩子都是不同的世界，每个家长也都是不同的世界。针对学生，我们需要面向个体的教育；针对家长，我们也需要面向个体地进行沟通。

我的失败，是在极个别家长那里出了问题。可惜，在8年前，我并不懂。

第一节　抓大放小的教训与启迪

写作此文的时候，我在江南已经生活了18年。18年后的今天，虽然我外表越来越江南化，可是我的心思依然没有江南人那般细腻。我有山东人踏实的态度，更有山东人粗线条的做事方式。在带班的时候，总以为只要把大的方向规划好，就可以把事情做得圆满。如果不是个别"蚁穴"导致满盘皆输，我怎么也不会意识到大行也要顾细谨。

从前面的文字可以看出来，我在带郁歧班时，多次和家长进行沟通。还未开学，我就已经在斜塘老街的大益茶楼和家长们商议班级事务了。我试着去了解每个孩子的性格特征和家庭情况。我也成立了家委会。后来也经常召开家长会，在家长会上我也向家长全面汇报班级的事情以及下一步的设想。即使是平时的班会课，也是对家长开放的，我想让家长们随时随地了解班级的动态。

可是，为什么还会出现问题呢？为什么还会有家长对我不满呢？

如果不是那个难过的暑假让我细数过往的每个细节，那么我不会发现其中的奥秘。在回忆每个细节和片段的时候，我发现：在茶楼和家长交流，我邀请的是部分家长；对家长进行汇报或者阐释规划的时候，我面对的是所有家长……后来，我发现，家长每次来学校的时候很少是单独行动，大多数情况下都是结伴而行……

这种群体性的交流，只能让交流停留在"整体层面"，而无法深入到个体。每个家长都是整体的一员，更是一个独立的个体。每个孩子不同，每个家庭也不同，自然每个家长的欲求也不同。我们可以在整体上做规划，做阐释，但具体到每个个体，谁来满足他们的想法？

不是我不能满足，而是当时我根本没有"满足每个家长"这样的想法。正如世间很多事情大家都可以做到，但差别往往在于是否能想到。

我没有想到这一点，因为我性格里的粗线条，因为我总觉得大的氛围已经有了，小问题自然就会消失。所以，当第一个家长向校长写举报信的时候，我没有太在意，甚至认为"块土不能障狂澜"。我已经做得够好了，家长真的有些无理取闹。如果当时我能够意识到每个不同的孩子背后，每个家长也不同，每个家长的欲求也不同，或许我会早一些懂得照顾每一个家长的心理。但是我没有，直到出现了几个家长同时举报，我才意识到后果的严重性，我才明白了大行也要顾细谨。

是的，每个家长的期待是不同的，正如我们需要关注每个孩子一样，我们也应该关注每一个家长。只有关注到了每一个家长，家校沟通的大堤才不会"溃于蚁穴"。不知道你是否存在我这样的问题？

其实，和单个家长面对面交流有很多的优势，这也是有必要和家长进行单独交流的原因之一。

依然记得第一次和东爸通话的情境——

"喂，您是东爸吧，我是孩子的新班主任梅老师。"

话音刚落，那边就传来了极大的火气："我和你没什么好说的！"

我知道，他对分班极为不满意，但是我必须完成第一次的沟通任务，于是我选择了"恭请"。"我知道您的内心很委屈，很难过，是学校对您不公平，甚至我这个班主任做得不对。其实我也很委屈……"我倾诉完自己的"委屈"之后，引起了对方的共情，然后才把他约到了一个茶楼，展开一次心与心的交流。

第九章　家校沟通的个体纬线

在茶楼，东爸表现得彬彬有礼，是一个极具涵养的人，而不是电话里那个说话毫不留情的"黑脸客"。而正是这次谈话，开启了我和他多年的友谊。

我见过很多老师在电话里和家长争吵，甚至听到了家长的谩骂。老师很委屈，家长的火气也没有消下去。如果在电话里争吵，那么只能让积怨越来越深。而一旦你选择了和家长面对面进行交流，其实是可以避免发火的。一是因为人是讲究脸面的，很少有人会不顾任何脸面，在面对面的时候争吵不休。二是因为面对面交流的场合，大多是在公共空间，谁也不会在公共空间，用自己的行为告诉别人自己没素质。

所以，我想说的是，面对面的交流可以让沟通变得更冷静，也更客观。此外，面对面的交流也可以让家校沟通更坦诚，可以化解彼此间的矛盾。

约佳的父母吃晚饭，是在元旦的晚上，班级所有的孩子都在学校大舞台举行元旦晚会，我和她的爸妈到学校后面的饭店吃饭。这不是一次普通的吃饭，而是一段时间积累的结果。很多次，我通过不同渠道听说了他们夫妻对我的不满。于是，在这个元旦之夜，我把他们夫妻约到了"同福小馆"。我知道，在这样一个喜庆之夜，面对面地交流，我们是不会争吵起来的。

"哥、姐，感谢你们如约而至。咱们都是为了孩子的成长，有什么话就直接说吧。"我的开门见山，倒使他们夫妻有些局促。

"没什么，我们就是想和梅老师聊聊。"

"傻哥哥、傻姐姐，我把两位请过来，就是想坦诚地和两位谈谈，请相信我，无论发生什么，我都不会委屈了孩子，我们是为孩子发展服务的合伙人。"

"真没什么，就是想和梅老师聊聊天，感谢您一直对孩子的照顾。"大多数家长都是如此，明明心里有话，还要多绕几道弯。

"哈，那就别怪小弟直接了。没什么事儿，到校长那里举报我干嘛啊？放心吧，我不是因为举报才来找两位算账，而是想听听两位真实的声音。如果是我错了，那我改正；如果是您误会我了，那也可以改正。是不是？"

"真，真没举报，哪有的事儿？"佳妈说话有些吞吞吐吐。

"姐，这就不坦诚了，要不要我把举报信息截屏给你看啊？如果不坦诚，那就无法沟通，就无法真正帮助到孩子。能在一个桌上吃饭，那咱们就是一家人，有什么话直接说就是了。"

可能是被我逼到了"绝路"，佳妈的眼泪簌簌直落。然后她讲述了孩子被我撤掉临时班长的不公，讲述了小组调整时对孩子的霸道……听完她的话，我也明白了其中的原因，便一一做了解释。自然，他们夫妻也明白了我的用心所在。

饭还没吃完，佳妈就破涕为笑了。看着佳爸为她擦眼泪时的温柔和幸福，我知道，他们心底的云，散了。

从此，我们也成了好朋友。学年结束的时候，佳考了班级第一名，陪着他们一家三口，我的笑容也爬到了脸上。

有很多家长，尤其是长三角和珠三角的家长习惯于动不动就举报老师。我这么说，不是埋怨家长们这种举报的行为。如果一些老师做事过分，那也无可厚非。但大多数时候，是因为双方产生了误解。依据我的经验，面对面的交流可以让家长转变思维，让家校更和谐。

2000年的某天午饭时，校长坐到我旁边说："博的妈妈到我这里投诉你了，你和她好好沟通一下，看是不是有什么误会？"

那时年轻，有时候想想，年轻也好。那件事情如果不是因为年轻，或许不会有后续的良好交往。

下午的时候，博的妈妈到我办公室说："梅老师，博最近表现怎么样？你多帮助孩子啊。"她的语气很谦和。

"找我干嘛啊，找校长去呗，校长教你孩子更好！"我阴阳怪气的。上文说了，这都是因为那时年轻的缘故。

博妈听后愣住了。"不是，梅老师，您才是孩子的老师啊。"

"您也知道我是孩子的老师啊！我做了哪些对不起孩子的事情，至于让您投诉到校长处？"

"我没有啊，这不直接到您这里来了吗？"

"怪不得孩子有很多不足，你这个做妈妈的就不诚实！"我说过，那时

第九章 家校沟通的个体纬线

年轻。但理智地去想,如果不是这样快言快语,我又怎么会转变家长的思维呢?

年轻需要付出成长的代价,年轻也可以演绎异样的精彩。

博妈当时十分尴尬。于是我换了一种语气:"姐,我理解你的心情,都是为了孩子好,但校长毕竟不是孩子的老师,你投诉我无非是想通过校长给我施加压力,更好地对待孩子。你知道吗?如果我是个小人,没准就会对孩子实施冷暴力,但那样做会害了孩子。有问题,我们可以直接沟通,而不能'越界'投诉。记得一句话说得好,'你赢,我陪你君临天下;你输,我陪你东山再起',我们是一个战壕里的战友,你越鼓励我,给我动力,我就可以把孩子带得更好;你越支持我,我就可能把班级带得更好。"

后来博妈改变了思维。此后,我对每一届家长都会讲述这个故事。虽然不能让所有的家长都坦诚地跟我进行交流,但效果也会好很多。

面对面的交流,往往也是解开彼此心结的机会。我写过这样一个真实的案例:

班上某个女生和我的关系变得很僵——僵到了难以化解,彼此都十分讨厌的地步,她的父母也是如此认为。更让我伤心的是,孩子因为和我关系僵,以致放弃了学习。因为读了张文质老师《教育是慢的艺术》一书,我有一种冲动——打电话给她的父母,我请客吃饭,在她的父母和她都在场的饭桌上,我要向她和她的父母说一声:对不起!以求孩子能够在高考前的最后时刻安心地读书。

后来,我们真的坐在一起吃饭了。还没有正式开始,她的父亲就举起酒杯说:"梅老师,我敬你!"我双手合十,连忙站起来,用"请"的姿势请出了她的妈妈,并说:"本来,我想请两位和孩子一起坐坐,想正式向孩子和您说声对不起,今天借这个场合,我想说的是对不起!"我说得很真诚,没有任何虚情假意。那一刻,我看到他的父亲眼中闪烁着一种感动,他说:"梅老师,是孩子不好。"

其实,后面的话都不需要多说,席间孩子来给我敬酒,我说:"回来,我们一起努力。"……

我知道，在这场僵局中，席间的每一个人都有不可推卸的责任，如果每一个人都把过去的不快挂在心间，那么最终伤害的都是自己。不管是谁的错，追究责任都不是目的，让孩子更好地发展才是真正的目的。

我的一声"对不起"让她打开了心结，最后这个孩子考入了中国传媒大学。

当然，面对面的交流还可以让沟通更加深入，发现帮助孩子的有效密码。在接下来的几节内容中，我会用案例来证明这一点。

第二节 你的心痛，我的行动

很多时候，我会静心地去想：家校沟通，到底是为了什么？规避风险自然是重头戏之一。那么，解决孩子的特殊问题，帮助家长们解忧，是不是也很重要呢？

事实确实如此，因为我见过相当多的家长无奈地对我说："梅老师，我们实在没有办法，孩子就交给您了。"此刻，作为教师，作为班主任，如果真能让家长的无奈变为欣喜，或许沟通就有了价值。

遇见枫，或者说一见到枫，我的内心就感到莫名的心痛。

"枫不是一个好学生"，这是几乎所有老师对他下的定义。因此他被分到我班时，很多人都对我深表同情。后来我了解到他的父母都是高级知识分子，因此自然而然地想到：枫的父母一定也非常难过。

在讲枫的故事之前，请允许我先插入另一个片段，作为本节要讨论的问题的引入。

"梅老师，我女儿英语极差，学习态度存在严重问题，您教教我该怎么办？"这是2015年11月19日山东某校长发给我的短信。

"抱歉，我没有办法。"我如此回复，"因为孩子不在我班上。"

"？"随后我收到校长发来的一个问号，这里面隐藏着他的疑问。

"我从来就不相信一次谈话、一种告知，甚至一套所谓的说辞就能轻易

第九章 家校沟通的个体纬线

改变一个人。我主张关系育人。因为'蓬生麻中不扶自直，白沙在涅与之俱黑'，育人的是氛围，而不是道理。如果孩子在我班上，那我可以帮孩子营造这种氛围。孩子不在我班上，那我也鞭长莫及。"一段长长的回复，换回的是校长"我终于明白了"的感叹。

因为人的内在心理结构具有较强的稳定性，这就决定了每一次谈话、告知、指导甚至批评等，都是心理表层暂时的调节而已，它无法影响到深层的心理结构。一次次的教育行为，无论教育的程式设置，抑或营造的氛围有多么好，都无法从根源上解决问题。只有营造一种可以持续不断地影响孩子心理的氛围，才可以让这种表层的心理调节，演变为内在心理结构的转变。而教育的现实是，老师不可能整天追着孩子，去跟他谈心，那么这种氛围就很难持续地存在。所以通过构建人际关系来培育孩子的心灵，就成了教育的必然选择之一。

那么，如何才能构建这种"关系"呢？接着，我继续讲述枫的故事。

本来想等班级建构完再对枫"出手"，由于我的实习生想在她实习的三个月内看到自己"崇拜"的"名班主任"是如何转化特殊学生的，于是我只好提前对枫"下手"了。

因为枫连续几天早读都迟到了，那天，我把枫的爸妈约到了学校。虽然他们夫妻都是高级知识分子，但是以家长的身份来学校见我这个班主任的时候，他们还是有些紧张的。

"哥，姐（我对很多家长都如此称呼），您放心，我让两位来的目的不是问责，造成孩子性格过于内向的情况，也不是一天两天的事情。我很奇怪，70分的考试作文，他竟然一次都没有写过。我想了解一下孩子的情况，咱们想想办法，怎么能让咱孩子从现状中走出来。"我说得很委婉，但他妈妈比较直接："哪里是性格内向，他就是自闭症，早和他爸爸说带孩子去看心理医生，他爸爸就是不让去。"妈妈很生气——自然是生枫的爸爸的气。

自然，枫的爸爸也非常气愤："如果心理医生能看好，我早就带他去看了。不带孩子去看，他不知道自己有心理问题；一带他去看，不就等于告诉他有心理问题了吗？这样对孩子更不好。"

接着,夫妻两个竟然不顾在场的所有人,吵了起来。如果不是苦恼、心痛到了极点,一对高级知识分子又何致在"大庭广众"之下不顾颜面呢?于是,我将他们的吵架劝阻了下来。

"既然姐如此直接,那我就不避讳了。"判断没有问题,我就不绕弯了,"是的,孩子有轻微的自闭症,但不看心理医生是对的,因为一旦带孩子看心理医生,就等于告诉孩子他心理不健康。如果孩子被贴了这样的标签,那可能会适得其反。"从孩子妈妈的眼神中,我知道她接受了我的观点。

在我的引导下,她讲述了一家人很少在一起吃饭、出游、谈心等事情,"虽在同一个家,但每个人都住在自己'心理'的房间里"。

"自闭的原因是什么?就是孩子长期以来没有在人群中,没有在一个积极的、充满温馨的氛围中成长,这才是关键。所以,改变孩子,要从改变家庭开始。无论您同意还是不同意,两位必须按照我的要求去做。别让外人说两个高级知识分子培养出的孩子有严重的心理问题。哥、姐,您说是不是?"我的语气轻重结合,"每周五晚上必须带孩子去看场电影或者聚餐,周六或周日一家人抽半天时间出去玩。在孩子面前放下高级知识分子或家长的架子,让自己年轻一次,疯狂一次,也变得孩子气一次。"

是的,因为触及了"两个高级知识分子家的孩子"这个他们很在意的问题,所以他们后来确实按照我的要求去尽力做了。诚然,我也在背后努力设计和铺排如何帮助孩子、如何解除家长心痛的事情。

再过几天,就是枫的生日,这是一个良好的契机。以往过生日,爸妈都是送孩子一个他想要的生日礼物。这次生日很特别,枫所在的小组的其他五个同学和他们的家长都到了枫的家里,为他庆祝生日。鲜花、蛋糕、生日派对,还有接下来的卡拉OK……自然,还有我这个班主任从外地打来的祝福电话。更重要的是,还有小组其他同学的赞美和祝福之词。这些,让枫心情很"嗨",竟然还在歌厅唱起了歌。

他不知道,这是我、家长、小组成员及其他家庭一起精心策划的生日活动。事先,我把枫所在小组每个家长的电话号码都给了枫的父母,并事先和每个家长打了招呼。为了让他增强自信,我提前召开了小组会议,引导孩子们如何说话,如何做事,以求让枫能找到自信。

第九章 家校沟通的个体纬线

因为他需要在心理上融入他人——融入他最常接触的人中。他身边的人形成的氛围，才是改变他的最有效的"武器"。

意外还是发生了，接下来的一次月考，他依然没有写作文。160 分的语文试卷，他仅仅考了 22 分。

我没有生气，也没有找他谈心，因为谁都知道，此时的"谈心"在孩子的心理上投射的必然是"问责"。这是很多班主任习惯犯的错误，总以为及时谈心就是关爱的表现。殊不知，有时候，太过及时就是一种伤害。

让他写作文缘于一次学校作文大赛。让谁去参赛呢？我让孩子们投票选举，结果选出了张静文和枫。张静文应该是众望所归，而枫呢？学生代表黄春义阐释理由时说："我们班整体上比较差，张静文去参加可以冲击一下名次。我们之所以推举枫，是因为他的化学、政治和历史等科目都特别好，而且他上课回答问题时总能出奇制胜，作文比赛比的不仅是基础，还有思维的独特性，我们认为枫是不二的人选。"春义的发言引来了大家的鼓掌。枫的脸上略过了一些复杂的表情，我知道，他内心一定是矛盾的——兴奋和忐忑交织在一起。

"枫，去吧，相信自己的思维，别在意结果，你只需把脑子里流动的东西写出来就行了，可以吗？"我这样对他说。

"好的，我试试吧。"他对自己有些怀疑，但是也夹杂着一些自信。

结果，他竟然第一次完成了 1000 多字的现场作文，和张静文一起获得了三等奖。

各位一定猜到了，那场投票选举幕后是有"导演"的，春义的发言更是提前"排练"的结果。

获得三等奖的奖状和奖品，让枫获得了自信，也赢得了其他同学的佩服——这小子思维还真独特，以后也许会了不得。

或许是因为作文比赛获得了自信吧，那天，讲桌上没人发的历史会考资料，不是科代表的他竟然一个个发了下去。我，将这些都看在了眼里。

于是每个家长都收到了这样一条校信通信息：

感谢各位家长的支持，我们班取得了很大的进步，每个孩子的精神面貌都发生了极大的变化。尤其让我感动的是很多孩子会主动为班级服务，为他人着想，例如今天不是历史科代表的枫，主动发历史会考资料。这是一个人最重要的品质之一，我们的孩子在逐步拥有这种品质。接下来，让我们为梦想继续携手。

您能感受到，如果将所有的文字都用来集中表扬枫，那会失真。而蜻蜓点水，恰能力达千钧。发完信息后，我立即给枫爸打电话："哥，你懂的，校信通要给孩子看。家长群里也一定会讨论，你把正面的记录也截图给孩子看。"经过前几次的"合作"，枫的爸爸和我默契了很多。

那天，他兴奋地和孩子分享校信通的内容，以及家长QQ群里的点赞文字。当略带羞涩的笑容爬上孩子脸颊的时候，枫的爸爸告诉我说，孩子的心灵打开了一道缝儿，甚至一扇窗。他开始愿意和爸爸说班级的事情，说他读到的海阔天空的内容了……

期中考试来了，他写了进入高中之后的第一篇作文，得分是37分。虽然分数不高，但他、我以及所有参与这场行动的人都感到很开心。但谁都没有说，这是一种默契，一种认同，更是一种沉甸甸的善良，是无形中对所有孩子进行的一次德育。

"枫，你知道吗？原来教你的语文老师告诉我说，'梅老师，你赢了！'因为她和我打赌说'如果你能让枫写作文，我就服你'。来，握个手，我们要让她永远服气！"评讲试卷的当天，我和枫握了一下手。

枫的心灵之门逐步向他人敞开。

实习生结束实习的时候对我说："梅老师，我相信奇迹，感谢您让我懂得了如何做教育。"

看到孩子的变化，枫的父母自然非常开心。"梅老师，谢谢您帮我们转变了孩子，您就是孩子的贵人，我们家的恩人。"无论该不该承受"恩人"般的感谢，但我知道，枫的父母，去除了很大一块心病。

后续，枫也有过不小的反复，不过都在我和家长的默契配合下得到了解决。枫的父母总是认为："凡是梅老师说的，都是对的。"他们都会极力地配合我。

班级增补家委会成员的时候，枫爸成了积极申请的人之一。他也为全体孩子们做过一次讲座，讲述了自己是如何从一个差生逐步成为高级知识分子的。

第九章 家校沟通的个体纬线

就这样，我们都在成长。心痛过后，便是幸福。

沟通是什么或许不重要，但沟通为了什么，则颇有思考的价值。如果我们的沟通既解决了让家长头疼的事件，又有利于孩子的发展，那么这种沟通将是多么有价值啊！

第三节　有效的沟通需聆听过去

马云说："一流的谈判高手，只听不说。"这里的"不说"，不是绝对的不说，而是懂得在什么时候开口、如何开口，一旦开口就能点到关键处。

家校沟通也是如此！沟通并不是单一的信息流动，而是能够在信息流动中发现问题，进而形成有效的协作。因此，建立有效的协作，才是真正的沟通。

和枫不同的是，伟是一个帅帅的小伙子，看起来脑袋非常灵光。在教室里行事也不张扬，脸上整天挂着淡淡的微笑。

可是，这个孩子的成绩就是上不去。如果说成绩一时上不去，我和家长都可以接受，可是每次考试他的成绩都不理想，而且是班上"稳定的"倒数第二名。或许按照名次来评价任何一个孩子，对他们都有失公允，但现实是，很多人无法一直客观、冷静地观察生活，抑或生活中的人。

之前，我一直告诉伟的妈妈，要耐住性子，给孩子足够的时间，因为花开有早晚。伟的妈妈也一直配合我，不断调整自己的心态。只是，屡次遭受"打击"之后，再强大的心灵也会产生波澜。

伟妈终于承受不住了，其实承受不住的也有我。

于是，在一个没有课的下午，我和伟妈在一个茶馆里见面了。甫一坐定，伟妈就忍不住开口说："梅老师，我该怎么办啊，这小子一直这样下去就完蛋了。"

"是啊，我也很奇怪，这孩子在学校相当认真，而且人缘特别好。除了每天早晨踏着钟点进教室之外（这是很少有的现象，其他孩子基本上都提前到达教室），几乎找不到任何缺点。"确实，在我的印象中，这孩子有些懒。可是，很多的课间，又可以看到他埋头读书的身影。于是我告诉自己，这个

家校沟通，没有痛过你不会懂

孩子是一个做事原则性比较强的人。

我也找他谈过很多次话，可每次都找不出任何问题。

"他晚自修结束后在家里表现怎样？"要发现问题，就必须找到提问的点。

"还行啊，比较规律。每次回到家，总是先陪他三岁的弟弟玩一会儿，然后去吃点夜宵，洗完澡就回他自己房间了。时间那么晚，估计到了房间也就睡觉了，因为他房间里没有手机和电脑之类的东西，是不可能玩游戏的。"从伟妈的话语里，确实找不出太多的问题，这可能也是她苦恼的原因所在吧。

"他会不会因为有了弟弟，感觉弟弟分走了您对他的爱？很多二胎家庭都有这种现象，何况他比弟弟大那么多。是不是有了弟弟之后，他的学习成绩才开始下滑的？"

"呵呵，梅老师您多虑了。他啊，特别喜欢弟弟，每天晚上都要和弟弟玩一阵子才做别的事情。"伟妈的语气里一片释然，我知道绝非如此。"我家熊孩子是不是智商有问题啊？"她的语气里有些小心翼翼，因为孩子的现状使她不得不如此怀疑。她的小心翼翼让我懂得，这个想法一定在她内心盘旋了很久。她的内心一定挣扎了很久，也痛苦了很久。如果孩子一直考不好，自然就会让人如此怀疑。可是，谁也不愿意接受自己的孩子智商有问题这样的现实。

其实，我也有过和她一样的想法，但我没有表现出来。因为我一直觉得，无论如何，只要孩子在我的班上，他就是我的孩子，我有责任尽最大的努力，让孩子健康地成长。

对于伟，更是如此。所以我经常给伟加油鼓劲儿，怕他因为成绩差而产生自卑心理，总是时不时地和他开玩笑，想让他感受到老师的关注。只是，无论我付出多大的努力，都无法让他有所提升。

怎么办？

因为读过很多关于培养思维的书籍，所以我懂得多维度地去思考问题。任何人都是一样，总是在思维的某个象限内徘徊，不知道将思维的触角伸向其他象限。正如此刻的我和伟的妈妈，就一直在"当下"的象限内徘徊，无论是家里还是学校的表现，都属于"当下"。如果将思维投向过去，或许就

第九章 家校沟通的个体纬线

可以找到指向未来的密码。

"姐,您能不能给我讲讲伟过去的故事,把在您印象中比较深刻的关于伟的所有记忆都讲讲,呵呵,除了实在不能讲述的。"为了缓和过于沉重的气氛,我故意调侃了一下,"或许,我们能够从过去找到问题的关键所在。"

接下来伟妈讲述的故事大体如下:

这孩子很小的时候,情商就特别高。小嘴巴甜得不得了,周围的邻居和亲戚朋友没有不喜欢他的。后来上了小学,一开始成绩比较好,老师们都很喜欢他。但后来他的成绩就没怎么好过。因为爸爸长期在外面做生意,很少在家,每次回来也都对他很亲昵。记得有几次他爸爸忍不住打了他,因为他的成绩实在是不像样子。奇怪的是,每次打过他之后,他的成绩就会好一阵子,而且会非常好,也会赢得老师们的表扬。可是,过了不多久,他就成了老样子,不温不火,甚至还会在全班垫底。不过奇怪的是,每天他都处在忙忙碌碌学习的状态。

到了初二,就像现在的高二,成绩更是一塌糊涂。初三那年,眼看要中考了,他爸爸受不了,记得那一年打过他几次。还好,打了几次后,总算考上了高中,能够考上咱们学校应该是万幸了。高中的学习生活比较紧张,没想到进入高一,他的成绩又开始在全班垫底了。我们两口子也对他发过火,可是成绩总是上不来。看到他每天都认真的样子,我们也感到很奇怪。总不能再打他吧,毕竟孩子大了,也认真了。或许,是他真的不如别人吧。但这种垫底的情况实在是让我们受不了。

伟妈的讲述要比上述文字描述丰富得多,她的语气、语调里流露出来的痛苦,也不是我简单就能描摹出来的。

大概两个多小时,我只是认真地去聆听,没有插一句话,让她自己带着思绪,游走在时光的长河里。这个过程中有喜悦,也有泪水在不断溢出。如果不是孩子长期成绩垫底这块心病,谁愿意在别人面前流下眼泪呢,哪怕是女性。

伟妈一番倾诉之后,我开口说的第一句话是:"姐,谢谢您,我放心了。"

她可能感觉到莫名其妙,一边擦眼泪,一边问我:"您放心了?"

"嗯,说了不怕您难过,如果不是您今天的讲述,我以为孩子是智商有问题,今天我发现我错了,孩子的智商没有任何问题。只要智商没有问题,我就可以找到解开问题的密码,就有可能让孩子的成绩上来。"

"真的吗,梅老师,真的吗?"她有些语无伦次,"梅老师,这是几张购物卡,不成敬意,您就是我们家的贵人啊。"

我顺手推回伟妈递过来的购物卡,认真地说:"姐,您也是我的贵人,您让我明白了如何更好地做教育。"

是的,人最幸福的事情或许就是从绝望中看到希望。我的一句话让她明白了孩子还有希望,她仿佛抓住了一根救命的稻草。

接下来,我跟她分析了我的看法:"之所以判断孩子智商没有问题,是因为他不是没有考好过,只要孩子考好过,就证明他的智商没有问题。爸爸每次打完孩子,孩子的成绩就能上来,这就是最好的证明。孩子成绩之所以不好,有一个重要的原因,那就是懒,一个真正有上进心的人是不会每天都踏着铃声走进教室的。但是,我们不能把孩子的全部原因归结为懒,因为明显能感觉到,孩子在教室里是很认真的。但是,你和我都应该明白,这种认真是做给别人看的,也就是我们说的磨洋工。为什么要做给别人看呢?因为他拥有强烈的自尊心,他不想让别人认为他是一个不学习的孩子。他拥有强烈的自尊心,但又没有学习的真正动力,原因只有一个:学习方法有问题。只要我们能从他的学习方法入手,就可以找到让孩子进步的办法。"

这次沟通是一个良好的开端,但如何让这种默契延续下去,并且取得良好的效果,那就需要家校很好地协作。于是我们商议了以下几条协同工作的要点:

老师负责和孩子一起分析孩子的问题所在,并积极主动地创设机会,让孩子树立信心;家长也要给孩子以鼓励,或者不断地把老师表扬的话语传递给孩子。

老师负责孩子学习计划的制订、监督和检查工作;家长在尊重孩子意愿的情况下,做好"后勤服务"工作,负责孩子在家里的学习情况,并及时与老师沟通。

家长做好陪伴孩子的工作,每天不看电视或者做其他可能会影响孩子的事情。如果孩子晚上还在学习,家长就不要提前休息。

后来,伟在早读时终于提前到校了。我也会选择适当的机会对他进行表扬。每天中午午休时刻,他会把前一天晚上执行计划的情况拿给我看。

慢慢的,我从伟的脸上看到了笑容。我知道,他正走在变好的路上。

在我写下此文的今天,伟妈给我发短信说:"梅老师,你在孩子心目中至高无上,他的成绩报告册丢了,却把你的评语贴在了自己的床头。"

我的内心满满的都是幸福。同样我也知道,如果要真正帮助一个孩子,有时候需要单独和家长进行长时间的深入交流。于是,我下决心,至少要抽出一些时间和每个家长进行交流。只有这样,才能更好地帮到孩子们。

例如,接下来的宇的故事。

第四节　家校共演一场美丽的双簧

与伟不同,宇的成绩还算不错,最好的一次考试成绩在年级排第四名。如果接下来我说一句:他最差的名次是年级排第 341 名(年级总共 376 名学生),你可能会难以置信。无论如何,这都是真实的存在。

每次考差之后,他都会痛心疾首,然后就会拼命地学习。之后,他真的就可以考出好成绩,虽然在年级排名不一定靠前,但在班级可以说是名列前茅的。只是,这次考好了,下次就一定会下滑——你能想象多差都不过分。

宇爸之前跟我讲过,宇绝对是个高智商的孩子。从小学到初中,他学习都不怎么刻苦,可是他在每个年级都考过年级第一名。初三的时候,第二次模拟考试之前,他考得并不好,但在最后阶段他拼命地进行冲刺,结果就考进了现在所在的高中。没想到进入高一之后,他又开始松懈了,最差的名次竟然都滑到了 300 名开外。

有人说,这个世界上最聪明的人,往往难以成大器,因为他总是败给自己。

家校沟通，没有痛过你不会懂

在宇的观念里：反正我临时冲刺一下，成绩就会上来，所以平时不必那么辛苦。殊不知，高中学习是能力的积累，而不像小学、初中基本以知识的记忆为主。如果高一可以临时追赶，那么高二、高三绝对不会如此容易。

因为我深知高中生活会遇到各种艰难险阻，所以我对宇充满了担忧。

面对孩子的高智商和低自制力的现实，宇爸更是着急不堪。于是就有了我和他一个下午的"密谋"——我扮演"黑脸"，他扮演"红脸"，两人一起演了一段双簧。

高二上学期期末考试，宇考取了一个令所有人都震惊的成绩——年级第四名，不过这又使他飘飘然了。春节过后，当别人都在拼命冲击小高考的时候，他却依然沉浸在上次成绩的幸福之中。他身材稍显肥胖，因此上课总是容易犯困。针对这点，我制定了一条班规：谁上课睡觉，就无条件回家反省，且停止晚自修的权利。（诚然，您可以和我辩论说，这种规定是不合理的，但我相信您会理解个中的缘由。）

说实话，因为学习压力比较大，很多孩子经常熬夜，上课偶尔犯困也是正常现象。何况在春天，春困更是难以克服的现实。所以我选取的是突击抽查的方式，这样既可以在"合理"的基础上放过别人，又可以"准确"地抓他一个"现行"。

如您所料，很快宇就被抓住了。我把他叫到办公室，没有激烈的言语的批评，因为他骨子里有些叛逆，而是温和地说："孩子，你是我眼里的重点学生，今天你上课睡觉了，如果不按照规定执行，那么别人会说我这个班主任偏袒你。按照规定，你还是回家反省吧，住宿和晚自修也都终止。"

我的言语似乎有些"阴险"，因为这是"密谋"展开的必然结果。

他哭了，因为他家距离学校很远，如果不住校他会非常困难。再加上考了年级第四、班级第一的成绩，让他在其他同学面前有某种优越感。因此，这样的惩罚，对他而言是一种"屈辱"。但没有办法，这是班级的规定。

他流着眼泪走出了我的办公室。随后我打电话给他父亲，让他在校门口接孩子回家。

他父亲来接他的时候，也丝毫没有安慰他。面对泪流满面的孩子，只是把他痛斥了一番。如您所料，父亲没有直接带他回家，而是让他在校门口等待，自己到我办公室"求情"。所谓求情，其实是做给孩子看的。

宇爸走进办公室看到我后，面带微笑，两人击掌"密谋"：不能让他在家里耽误太多时间，必须让他赶快到学校上课，但也要让他认识到提前回来上课和继续晚自修、住宿是来之不易的求情的结果。

是的，这是一出苦肉计。

宇爸带着满脸的哀戚走出了校门，对宇说："我求了梅老师很长时间，他还是坚持原则。你也不要恨他，我理解他。你是第一个犯错误的，如果不按照班规惩罚，那后面犯错的同学怎么办？不过我不会放弃，我会努力争取，让你早一些回到学校上课，咱不能耽误太多啊！"就这样，父子二人离开了学校。

第二天上午，宇没来上课。宇爸去上班了，理由是到学校"找梅老师求情"。下午宇就来到了学校——求情见效了。但条件是，小高考必须确保考四个A，否则小高考结束之后，"惩罚"继续。

对于很多孩子来说，这种"惩罚"如头悬剑，过于残忍。但对于这个孩子，一个起起伏伏的"惯犯"，如果不改变这种节奏，势必会影响他的高考成绩。如果明明知道聪明人会败给自己，而老师和家长又不采取措施，那恐怕才是真正的残忍。

因为"惩罚"时距离小高考不到20天，而很多孩子在寒假里就开始冲刺了，他却玩了一个寒假。无论他有多么聪明，都无法完成得到四个A的任务。是的，他失败了，得了三个A。

坦率地说，如果不是采取上面的"策略"，这"三个A"对他而言都是一种奢望。

后来，宇爸还继续向我"求情"。"求情"发生在一个晚上。那天，我和宇爸在一个茶馆里品茗聊天，提出了新的目标——期中考试考班级第一。

这个目标他可以达到，何况还有小高考对他的打击。

是的，那一次他考了班级第一名，年级第七名。加上上次考试，也就是上学期的期末考试，他第一次出现了连续两次考班级第一、年级前十的成绩。按照之前的规律，下次，他应该还会考差。于是我和他的父亲不得不设计第二次"惩罚"。

家校沟通，没有痛过你不会懂

学校一贯主张"入室即静"。而再一次考第一的宇，是有些趾高气扬的，课间的说话声音总是很高。"好了伤疤忘了痛"，这是人性的弱点，更是一种心理的惰性。所以，再次抓住宇的问题，就是自然而然的事情了。

那天课间，他在教室里大声喧哗，又一次被我叫到了办公室。"兄弟，呵呵，不好意思，怎么抓到的又是你？是不是感觉特别的委屈？其实，我是很高兴的，因为你第一次连续两次考了班级第一名，这是一次突破。可是，你又一次输给了自己，因为每次成功之后，你总是会有反复。这次惩罚，我必须执行下去。"

他点了点头，"老师，对不起，能不能不让我爸知道，我怕他伤心。"他的眼神里流露出了不安。可见上次父亲的"哀求"还是在他的心里留下了"伤疤"。"我保证下次考试，还考班级第一名。如果考不到，我退学，再也不给班级抹黑！"

从教育的角度来说，这"伤疤"的留存总显得有些不厚道。但特殊的孩子需要特殊的方法。对他，这或许是较好的选择。即使是今天，我也依然这么认为。（对于这个孩子，我也希望聆听到您更好的建议。）

"退学？你对得起自己吗？我可以答应你的请求，但你说怎么办好呢？我总得给全班同学一个交代。"班主任有时候要懂得"踢皮球"，把问题交给学生，既可以锻炼他们分析问题和解决问题的能力，又可以减轻老师的负担。

"行，老师，我有办法。"他自信地回答。

"问题是，我得给全班同学一个交代啊，怎么办呢？"我又一次把问题推给了他。

"您放心吧，我有办法的。"

"好，我相信你，今天你选个时间，给自己，也给全班同学一个交代。别让我在全班同学面前落下说话不算话的把柄。"他具体如何做，我没有去追问，也没有参与。目的是给他施加一点压力，正如我们前面提到的，改变人的内在心理结构，需要持续不断地对他的心理表层施加影响。如果他能够坚持到下一次月考，那就差不多可以完成转变。虽然孩子受了不少苦，我还是"忍痛"让他受一点苦。

是的，如您所猜想的，接下来他又一次考了班级第一名，因为他是个智商极高的人，何况，还有"压力之剑"悬在头上。

期间，我和宇的父亲一直保持沟通。在我不断给孩子施压的同时，让他在家里不断地鼓励孩子，不断点燃孩子前行的引擎。

如果孩子一直处于高压之下，那势必会影响他的正常发展。高二结束的时候，也就是在宇再次考了班级第一的那个暑假，我和他的父亲，自然还有他坐在了一起，彼此敞开心扉，谈了整个学期我们的"双簧"计划及其原因。之所以敢于在此刻"解密"，是因为不想让孩子的内心留下阴影，更因为经过一个学期的"折磨"，他已经改变了原来起伏不定的状态了——他的内在心理结构已经做了较好的调节。

面对老师和家长的苦心，孩子的眼睛里溢出了泪花，有感动，也有理解。心理的阴云散去之后，晴天自然就会出现。

高考成绩出来后，他以班级第一名的成绩考入了复旦大学。

每个人在成长过程中都会遇到挫折。在挫折中如果能遇到拉自己一把的人，那将是最大的幸福。求学期间，这个贵人应该是老师和家长。二者联手，才是最佳的选择。

生活没有如果，对孩子来说，考入理想的大学就是彼时最好的结局。生活有意外，但并非所有的意外都是可以隐藏的"双簧"，有时也可以开诚布公。例如，接下来的路的故事。

第五节　我的理论，你的行动

路遇到的是感情问题。

一遇到感情问题，班主任总是将家长叫到学校，让家长配合解决。感情问题，应该是人性使然，所谓的解决，往往是对人性的压抑。看过很多情感专家的讲述，但很少得到完美的结局。因为所谓的"早恋"，本来就是一个伪命题，就如花开，你说哪朵花开早了？什么时候开都是正当时，存在就有其合理之处。

但，并非因为合理，就可以让某些东西肆意存在，尊重人性并不等于放纵人性。因为在特定的时间内，需要优先完成一件主要的事情。就如此刻，我书写着本文，而不去和朋友们喝酒、唱歌一样。写作，是我此刻应该完成的事情。

对于路来说，他的主要事情应该是好好读书。但所谓的感情事件，还是在他的身上发生了。

记得是一个周一的上午，上完课刚步入办公室的我，就看到路妈焦急等候的身影。

甫一坐定，路妈就急促而小声地开口了："今天我发现路和五班一个女生的QQ聊天记录，很暧昧，他们好像谈恋爱了，怎么办啊？梅老师。"

"这种事情您有什么好办法吗？"我习惯先用反问的方式，为自己的谈话目的服务。

"就是没有，才向梅老师求救啊！"依然焦急。

"我也没办法，感情是最难控制的，处理不当还会适得其反。"我的语气不急不躁，"姐，您想想，如果路是个成年人，他恋爱了会不会告诉您？"

"肯定会喽！"路妈笑了一下说，"他巴不得向我炫耀呢。这不是高中嘛，谈恋爱影响学习啊！"

"是啊，从生理上来说，所有高中生谈恋爱都是正常的，但这种恋爱是暗地里的，他们不会让所有人都知道。这样反而有了一种神秘感。正如我们看一样东西一样，越是朦胧，越能引起我们探究的欲望，而一旦直白地摆在我们面前，倒也稀松平常了。所以，最好的办法就是把这种所谓的爱'暴露'出来，且'暴露'的程度越高，消失的速度就越快。如果你试图阻止，往往会让孩子们的逆反心理膨胀，走向与期望相反的路……"

我滔滔不绝地说着，路妈频频点头。我知道不是我说得有多好，而在于她此刻急需解决问题的方法。而且，作为一个过来人，她也懂得这个道理，只是事情落到自己的头上，一时想不通而已。"梅老师，我该怎么做才好呢？"

于是我给她提了三条建议：

第一，回家和路好好谈谈这件事，让他意识到你知道了这件事，并且不反对。这样就可以让孩子敞开心扉，你才会了解到"情感"发展的动向，才能更好地"对症下药"。

第二，可以在一些特殊的日子邀请女孩到家里玩，让彼此都熟悉，这是稀释感情的重要一步。

第三，可以尝试和女孩的父母交朋友，让对方的父母也明白这种做法的原因，两个家庭配合起来，是解决问题的关键。

这几步下来，就可以把他们的"爱情"暴露在众人面前，尤其是双方父母的面前了。相对而言会让他们有所收敛，而接触的时间久了，他们之间的神秘感也会逐渐消失，"爱情"自然也会消失，抑或会建立起友谊。

家校沟通，本质其实不是沟通的技巧，而是一个教师的专业素养的体现。技巧只能获得一时的成功，而专业素养的展示，才是赢得家长认同的最有效的方式。

当天晚上，路妈就带着轻松愉悦的心情和路谈了：

"路，听说你喜欢五班一个女生，有这事儿吗？妈妈听说了以后特别高兴，我们家傻小子真的长大喽。"

路妈告诉我的时候说，那晚她的语气非常轻松，而且表现得很大度。

看到妈妈毫不介意，路把自己和女孩交往的细节都"得意扬扬"地讲了出来。或许是相信了妈妈，路还拿出女孩的照片在妈妈面前显摆。

"这样吧，过几天是情人节，妈陪你去给她买礼物吧。妈是女人，知道女孩喜欢什么。"看到妈妈开心的样子，在路的内心，妈妈的形象瞬间高大了起来：真是个通情达理的妈妈。然后就开心地和妈妈一起到苏州的观前街，给女孩买了一套青花瓷的四件套文具。

更让路感到惊奇的是，妈妈竟然和自己一起敲开了女孩家的房门，把礼物亲手送到了女孩的手中。当女孩看到路的妈妈时，先是有些惊讶，然后就羞涩地低下了头。"傻丫头，这有什么，阿姨是过来人，年轻人相互喜欢是正常的，我希望你们两个能好好相处。对啦，下个月是路的生日，你一定要到家里来哟。还有你父母，我们也认识一下，交个朋友。"

路妈告诉我说，路生日那天，那个女孩真的和她父母一起来家里做客了。那天大家像一家人一样吃饭、聊天，还一起去公园玩耍，彼此没有拘谨，也没有任何生疏感。当然，两个孩子还是有些放不开，因为他们心里"有鬼"。

双方父母看到两个孩子的表现，就明白了该如何做。于是两家在私下沟通得更加紧密了，自然在孩子们面前，家长的表现也更加自然了。双方父母不但没有丝毫阻止,而且给他们提供了更多交往的机会。两个"心怀鬼胎"的孩子也逐渐变得更加踏实了,也自然起来了。

后来,两家人一起在清明节踏青,一起去阳山看梨花,一起去旅游……当两个家庭变得越来越熟识的时候,两个孩子的相处也变得越来越自然:他们会在一起追逐,会在一起嬉闹,也会在一起为某个问题而争论不休,有时还会请家长们来助阵……

当隐藏的"恋爱"暴露在阳光下时,朦胧的情愫会变得自然、清淡,心态自然会变得坦荡、真诚,交往自然会变得坦然、阳光。爱情,正朝着友情,甚至从某种程度来说,朝着亲情的方向转化。

半年后的一天,路妈再次找到我,她眼睛里不再是焦急的神色,而是笑眯眯的。"梅老师,感谢你让我结交了两个朋友(女孩的父母),路也多了一个学习的好伙伴儿。"

"怎么,恋爱结束了?"

"是啊,他们俩现在不说那事儿了,在一起玩的时候也不再神神秘秘了,而且开朗了许多。他们俩还说要比赛,看谁能考上南京大学呢!"路妈的语气里满是幸福。

一年半后,路和雯都考上了自己理想的大学。虽然都不是南京大学,但以他们的能力来说,已经是非常理想的了。

那天,路来看我,那个叫雯的姑娘也一起陪他来了。

"你们俩是不是应该感谢我这个'红娘'啊?"知道没有"恋爱"的因素,我故意调侃了他们一下。在我的调侃声中,雯的脸变得红红的。

"老师,我们是很好的朋友。"路的语气里没有丝毫紧张,只有坦然的告知。

是啊,恋爱,对于中学生来说,更多的是一种情愫,一种源自内心朦胧的情感的萌动。倘若把这种暗地里的情愫勇敢地暴露在阳光下,那么昏暗就会变得像阳光一样灿烂。家长的阻止是最无效的方式,借助各种力量巧妙而无痕地让这种情愫自然地流淌出来,是解决"恋爱"问题的最有效的途径之一。

家校沟通,很多时候都是家长向老师的求助。而沟通成功与否,不在于是否进行了沟通,而在于解决问题的效果如何。效果好,家校关系自然就会顺畅。正如前面我们提到的,家校之间才会有"彼此生命中的贵人"的感情深入。

沟通，有时候就是我的理论和你的行动的结合。当然，有些沟通，也是方法的传递，因为家长的立场和教师的立场不同，对待同一件事情，就会产生不同的认知，自然就会引起不同的行动，结果自然也会不同。

例如，下面的燕的故事。

第六节　你是孩子的重要老师

很多时候，我们会认为故事就是故事，不像生活那般真实。如果不是亲身经历燕的事情，我可能会一直这么认为。正如下面这篇文章所写的故事，我怎么都不会相信它是真的。

一位母亲与家长会

第一次参加家长会，幼儿园的老师说："你的儿子有多动症，在板凳上连三分钟都坐不住，你最好带他去医院看一看。"

回家的路上，儿子问妈妈老师都说了些什么，她鼻子一酸，差点流下泪来。因为全班30名小朋友，唯有他表现最差；唯有对他，老师表现出不屑。然而，她还是告诉了她的儿子："老师表扬了你，说宝宝原来在板凳上坐不了一分钟，现在能坐三分钟了。其他的妈妈都非常羡慕妈妈，因为全班只有宝宝进步了。"

那天晚上，她儿子破天荒地吃了两碗米饭，并且没有让她喂。

孩子上小学了。家长会上，老师说："全班50名同学，这次数学考试，你儿子排第49名。我们怀疑他智力有些问题，最好能带他去医院查一查。"

回家的路上，她流下了泪。然而，她回到家后却对坐在桌前的儿子说："老师对你充满信心。他说了，你不是一个笨孩子，只要能细心些，就能超过你的同桌，这次你的同桌排第21名。"儿子温顺得让她吃惊，一下子好像长大了许多。第二天上学时，去得比平时都要早。

孩子上了初中，又一次家长会。她坐在儿子的座位上，等着老师点她儿子的名字，因为每次家长会，她儿子的名字总是在差生的行列被点到。然而，这次却出乎她的预料。直到结束，她都没有听到点儿子的名。她有些不习惯。临别，她去问老师，老师告诉她："按你儿子现在的成绩，考重点高中有点危险。"

她怀着忐忑的心情走出校门，此时儿子正在外面等她。路上她扶着儿子的肩膀，心里有一种说不出的甜蜜，她告诉儿子："班主任对你非常满意，他说了，只要你努力，很有希望考上重点高中。"

高中毕业了。第一批大学录取通知书下发的日子，学校打电话让她儿子到学校去一趟。她有一种预感，她儿子被清华大学录取了，因为在报考时，她跟儿子说过，她相信他能考取这所学校。她儿子从学校回来，把一封印有清华大学招生办公室的特快专递交到了她的手里，然后转身跑到自己房间里大哭起来，边哭边说："妈妈，我一直都知道我不是个聪明的孩子，是您……"这时，她悲喜交加，再也按捺不住十几年来装在心中的泪水，任它打在手中的信封上。

有的朋友看过之后不免会认为这是心灵鸡汤。这样的故事太多了，我们也只能把它们当作故事而已：哪有这么伟大的母亲？这么伟大的母亲可能没有，但是走向反向的母亲可真不少。

那天和燕妈约好了，等她和英语老师交流完毕，就和我这个班主任一起吃快餐，聊聊天。于是，她和英语老师交流的时候，我就独自在旁边的办公桌上写自己的文章。

"梅老师，对不起，我们不能一起聊天了，我想早点回家。"和英语老师交流结束后，她踱到我身边小声地说。她面色凝重，我知道是出什么事情了。"我得回家好好反省了，没想到我会养出这样的丫头！"她的语气里有些恨铁不成钢。

"不行，我等了你这么久，怎么说不吃饭就不吃饭了，说不聊天就不聊天了呢。你把我当什么人了，也太不尊重我了吧。"看到她情绪不定，我就故意用这样的话语把她留住。"哪怕你不吃，看着我吃，你也得陪我去啊。"如果她带着这样的情绪回到家里，那不一定会发生什么。何况，我还没弄明白是什么让她情绪急转。

无奈，她只好和我一起走出了校门，走向学校旁边的 Eastwest 餐厅。

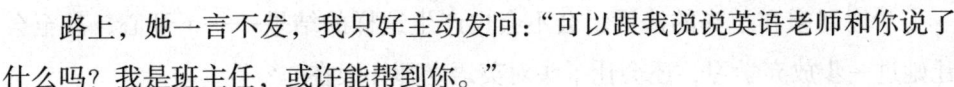

路上,她一言不发,我只好主动发问:"可以跟我说说英语老师和你说了什么吗?我是班主任,或许能帮到你。"

"唉,你说,我和她爸都算是知识分子,怎么会养出这样的丫头。"依旧是唉声叹气。

因为我们彼此太熟悉了,于是就半开玩笑说:"你是祥林嫂啊,不停地念叨,我看丫头蛮好的,性格开朗,学习认真,参加活动积极主动……"

"算了吧,在你眼里就没有差生。她要真的那么好,英语老师还会说她吗?"或许是开动了她说话的阀,她终于跟我讲述了她和英语老师的谈话内容,"我家孩子没有进取心,做完作业之后,什么都不愿意干。别的孩子做完作业,都会主动做一些英语小报。我也发现了,每天晚上回家让她背托福单词,她总是推三阻四,找各种理由不背。还有英语老师说,这孩子自以为是,从来不问老师问题。另外就是这孩子上课不主动,从来不举手回答问题。你说,这样的孩子怎么能学习好?"

说着,我们就到了餐厅。坐下后,我点了两碗面。

"一碗就行了,我不吃。"

"没说让你吃啊,你看我吃就是了。我吃一碗倒一碗不行啊!"您懂的,我这么说是为了缓和气氛。

"你回家后打算怎么办?"我知道,任何人都讨厌直接的教导,家长也是如此。

"还能怎么办?把问题说给孩子听,让她改正,如果再不改正,就得对她采取点措施了。"燕妈没有咬牙切齿,但她的话语中都是不满的情绪。

"然后呢?"我继续问。

"然后?什么然后?"她真的不理解。

"就是你跟孩子说过之后呢?孩子会改变吗?暂时不说孩子,就说你,如果某天你爱人对你说了你的三个缺点,说是单位的领导告诉你的,想让你改变,那你会是怎样的心理?会不是因此而改变?别说高尚的,就谈真实的心理。"

"我肯定会不开心,可能还会对领导有些不满。"大部分人应该都懂得将心比心吧。

"你回家和丫头的谈话,会不会也产生这样的结果——不开心,甚至会让她进一步放弃学习,还会让丫头对英语老师怀恨在心?"

"有可能。"她有些嗫嚅了。

我抬头看看面前的两碗面,说:"吃了吧,吃完我告诉你如何做。几乎可以肯定地说,你这么做的结果一定是适得其反的。"

燕妈看到了一丝希望,她的眼睛里有了些光亮。她没有说话,而是把面碗移到了自己的面前,右手拿起了筷子。我知道,她在等待我的"妙招"。

"有时候,话得反着说。英语老师是在反映问题,而你要做的是解决问题,是让孩子成长,而不是走到相反的方向。第一,你要对孩子说英语老师表扬了她,说她具有优秀的品质,能够每天按时完成作业,而不像很多孩子,做作业拖拖拉拉;第二,你要对孩子说她具有良好的自学能力,总能够摸索出别人想不到的好方法;第三,你要对孩子说她是一个非常理性的人,总是在深思熟虑之后才回答问题,不像很多人,做事情不过大脑。总之,英语老师认为你有很大的潜能,如果你能在做完作业之后,再拓展一下自己的知识面,那一定会更好。当然,英语老师也希望你能探索更多的知识,不会的可以到她那里去问;也希望你能在课上起到模范带头作用,多回答一些问题。"就这样我一口气说了许多。

燕妈没有言语,也停下了吃手中的面。

"只有正能量,才能带来正能量,家长一定要懂得如何向孩子传递老师的话,你其实就是孩子重要的老师。你可以看一篇文章,叫作《一位母亲与家长会》,它会告诉你答案。"

"真的有效吗?"

"这样,今天的晚饭我买单。如果孩子因为你的转述而产生了变化,你把买单的钱给我;如果没有产生变化,就应该我买单喽。"

谈话至此,燕妈终于有了吃饭的欲望。"好,回家我就按照你说的办,希望能有好的结果。"

吃饭结束后,我回到了单位的公寓,她也回家了。晚上九点多,我的电话铃声响了,电话那端传来的是燕妈的声音:"梅老师,你太牛了,丫头第一次主动去背托福单词。"她说话的声音很低,可能孩子就在旁边,但我能感觉到她的声音里有一种幸福感。

一语可以成全人，一语也可以伤害人。如果家长原原本本地转述了老师的话，对孩子将会产生怎样的影响？正如本节开篇的故事，一个好妈妈成就了一个优秀的孩子。即使孩子本不是特别优秀，但一个优秀的家长是可以让孩子变得优秀的。

因为，你是孩子的重要老师。这点，作为教师，一定要让家长意识到。这是家校沟通的价值的体现。

诚然，对于家长，我们不能采用教导的方法，班主任也没有资格轻易地去教导家长，但换位思考的交流，可以有相当大的促进作用。

下 篇

锦上添花

最有效的沟通艺术，其实是不说。因为沉默胜过言说，但如何才能让沉默言说呢？这里，可以找到您想要的答案。

下篇

稀土茶树

第十章　锦上添花的沟通艺术

本书第四章到第九章介绍的三经四纬是家校沟通之"道",或许您会说,"那是你认为的道",姑且就让我如此说吧,至少它们是让家长感受到孩子的变化和班级的变化的根本,自然也是家校沟通的根本。

如果没有孩子的进步和班级的真正变化,无论你采用什么样的沟通技巧,都无法获得家长的最终认同。孩子的进步和班级的变化,才是家长关注的所在,任何忽略这一点的所谓沟通都是伪沟通。不过,这并不意味着我们就可以忽略沟通之"术",因为"术"可以起到锦上添花的作用。

第一节　四招让家校关系锦上添花

记得看过一篇谈家校沟通技巧的文章,其中一招是三个"一"。首先是一把椅子:当家长来的时候,给家长搬一把椅子,最好是当着家长的面擦一下椅子;其次是一杯茶水:班主任在办公室要常备茶叶和一次性水杯,让家长一来就感受到温暖;最后是一种平等:要对家长以礼相待,不能居高临下。

看完这一沟通技巧,我差点笑了,其中的原因您懂的。做到第一条,其实第三条就不用谈,你这个老师不可能会居高临下。不过,真正的沟通,并没有那么简单。即使是单单讲沟通之"术",恐怕也有层次之分:小技无益,大技才叫"术"。当然,大"术"就叫"道"了。结合实践,我和各位谈谈自己的四点体会。

一、要捧出一颗教育心

无论你有多么高超的沟通艺术,如果家长看不到你的一颗教育心,那么就不可能和你真心交往。老子说"上善若水",不仅仅是因为"水善利万物而不争",更是因为水的姿态最低,永远把自己放在最低处。如果班主任用这种眼光来看待每个孩子,那么在你的眼睛里,每个孩子都是了不起的,都富有无穷的正能量。正因为如此,一个老师的眼睛里才不会有差生,一个老师的心里才会有无穷的幸福——这么多美好的生命将由我来培育,还有比这更幸福的事情吗?

有一颗培育每个神圣生命的心——对,每一个生命,这个老师就有了一颗真正的教育心。如果和家长交朋友,那么就一定要让家长感受到这颗教育心,这是和家长交朋友的起点。只有在此基础上,才可能建立起友谊的大厦和沟通的顺畅之桥。

一个成绩不好的学生家长曾经给我发过这样一条短信:"自己的孩子自己清楚,成绩上不去,拖了班级和您的后腿,实在抱歉!"说实在的,看到这样的短信,我都会有一种心痛的感觉——由于自己的孩子成绩差而感觉愧对老师,这样的家长不容易啊!我的孩子成绩也不好,因此我能感同身受。

同样,我也知道生命的珍贵。记得2004年春节前,怀有身孕的妻子去医院做检查,检查的结果是孩子可能有智力缺陷或者身体缺陷。于是,我们夫妻急匆匆地到无锡一个传染病研究所去复查,结果医生跟我们说了同样的话。当时,我有种崩溃的感觉,但妻子坚定地说:"无论孩子有没有缺陷,我们都要把她生下来,因为她是一条生命,她是我们的孩子。"

那个春节,我们夫妻以泪洗面,两颗心紧紧地绷着。我深深地体会到,一个孩子出生是一件幸运的事,一个孩子长大成人是一件幸运的事,一个孩子能和我这个老师有一段生命的交集更是一件幸运的事。

正是因为如此,我懂得每一个生命的神圣,我明白家长一颗殷切而无奈的心。于是,我给这位成绩不好的学生的家长写了一封长长的回信——

未来,美好!

看到您的短信,我想说,感同身受。

当我有了自己的孩子之后,当我的孩子成绩也不好的时候,当我逐步明白了生命的价值和成长过程的区别之后,我懂得了如何去对待自己的孩子和

第十章 锦上添花的沟通艺术

别人的孩子。

无数个日子,我也在为孩子的成绩心急如焚,但现在我能够心如止水。不是不再关心自己的孩子,而是我明白,无论怎么着急,都无法解决当下的问题。每个孩子的内心都有向上的渴望,只是,或者没有被激发,或者暂时被埋没了。除了伸出自己的手帮助他,我们还能怎么做呢?毕竟,那是自己的孩子,自己唯一的孩子。

在我写下这些文字的这个中午,我和一个同事谈什么样的老师才是真正的好老师。她说首先的一条是爱,一个不懂得爱孩子的人不配当老师。爱不是一个新鲜的词儿,被很多专家和平凡的老师谈过了千万遍。可是,我们看到的是一个个孩子的生命在很多老师的"爱的名义"下凋零枯萎,我们看到的是老师为了那点所谓的尊严,扼杀孩子的个性,为了一点点可怕的分数,将孩子的心灵片片击碎,一个个本可以蓬勃的灵魂早早地成为了落地的残蕊。

于是我告诉同事,爱首先是把孩子当作孩子。其次是把别人的孩子当作自己的孩子。她说,把孩子当作孩子,我能做到,因为每天我看到一个个孩子都是那么的可爱,都有想摸摸抱抱的冲动。如果让我对这些孩子做过分的事情,我做不到。但是,让我把别人的孩子当作自己的孩子,我也做不到,因为对自己的孩子我会打骂,而对别人的孩子我不能。

是的,同事是一个极具爱心的人,她对学生从来不是某某的称呼,而是孩子、孩子、孩子……

我告诉她,把孩子当作孩子的意思是,任何一个孩子都有成长的过程,他们会犯各种各样的错误。朋友李东说,错误是孩子成长的勋章。每个孩子都是在不断犯错的过程中才知道该怎么做,才逐渐成长的,我们不也是这么长大的吗?如果把孩子犯的一个个错误,看成十恶不赦的存在,那我们做的就不是教育工作了。而把别人的孩子当作自己的孩子,主要是指老师要有足够的耐心,不要放弃孩子,更不要去挖苦孩子。

曾经在自己的博客里写过这样一段心情日志:

面对孩子的纯真与善良,很多大人充当的是刽子手的角色。为什么单纯如纸的孩子,在大人的眼里就有了三六九等。即使有所差别,为什么不竭力帮助孩子,却要把"坏孩子"推向火坑。我一直坚信,当成人失去了呵护的良知,当老师失去了培育的良知,那么整个社会也就失去了良知。没了良知,人还能成为人吗?

面对不理想的孩子,不能选择放弃,正如我们不能放弃自己的孩子。对于老师来说,不理想的孩子往往被视为差生。可是,对于一个家庭来说,每一个孩子都是全部。何况,每一个孩子在父母的眼里都是完美的。为什么同一个孩子在父母的眼里和在老师的眼里就有了区别?因为父母的眼里没有比较,是真心的关注和爱,而老师的眼里是有比较的,是片面的,他们的爱是浅层次的爱。无论一个老师声称自己多么爱自己的学生,在有了比较之后,总会有偏颇。没有别的,爱得不够罢了。

真正把别人的孩子当作自己的孩子,就会说这孩子是我的,这学生是我的。既然是我的,既然这个孩子在我的手里,我就有责任将这个孩子带好。如果我辜负了这一个孩子的成长,那就是毁坏了一个生命的存在,熄灭了一个家庭全部的希望。在我的眼里,他就是一块璞玉;在我的精雕细琢下,他一定能成器的。

没有任何一个孩子天生就是杰出的。我有一个堂兄,初二就辍学在家,可是,现在他却凭自己的能力,成为一家制药公司的老总,过着别人羡慕的日子。爱迪生,小时候被视为白痴,无奈的母亲只好将他带回家教导,结果他成了世界伟大的发明家。如果每个老师都把孩子当成"我的"孩子,把自己当作爱迪生的妈妈,那么我们手中会出现多少英才啊!冰心先生说:"万千的天使/要起来歌颂小孩子/小孩子那细小的身躯里/含着伟大的灵魂/有着无穷的机智。"孩子,都是宝啊!

把别人的孩子当成自己的孩子,就会尊重孩子的差异,耐心地为孩子的成长赢得时间。既然我们每天都在喊着每个孩子都有自己的个性,那么就不应该在实际工作中一刀切。正是因为差异,才使得这个世界精彩绝伦。记得我从小学到初中,数学都差得一塌糊涂。还记得初二那年,120分的数学,我连20分都考不到。我被老师罚过钱,我被老师要求过不许参加考试。可是,到了高中,我的数学竟然成了所有学科中最好的,而且我的数学成绩也是年级最高的。这是为什么,有人说开窍了。是啊,开窍有早晚,那我们又何必要求每个孩子都在同一个时间绽放出所有的花朵呢？给每朵花自己开放的时间，这不是一句口号，而应该是最真实的行动！可是，老师们，为什么你总是等不及，为什么这些迟开的花在你的眼里就改变了性质，甚至根本就不是花呢？

见过无数个老师会把差生的家长训得像个孩子似的，见过无数个家长因为自己孩子的成绩差而愧对老师。其实，这些都没有必要，"人间四月芳菲尽"，"山寺桃花始盛开"。如此看来，尊敬的老师，您的孩子就一直优秀吗？尊敬的家长，您的孩子就不会优秀吗？

女儿的成绩和行为习惯曾经让我伤心过，因为在和别人的比较中，我总感觉自己的孩子不如别人。但是，在分数之外，我看到我的孩子拥有柔软的灵魂，善解人意的举止。我不相信我的孩子会差，我始终坚信，我的孩子是优秀的，无论在别人的眼里有多么差，我都会陪她走好每一步路，因为我相信，前方的路是美好的。

所以，请您相信，您的孩子是优秀的，无论现在怎么样，您都要陪孩子走好他的路。因此您也要相信，前方的路是美好的。

不做没有良知的老师，您也不要做没有信心的家长，好吗？

一起，努力！未来，美好！

看到这封信，家长感动得说不出话来，因为她不仅看到老师不会放弃自己的孩子，而且感觉到老师在劝慰自己要对孩子充满信心。如此情景下，家长愿不愿和你交朋友呢？哪怕她不是孩子的家长，听到这样的诉说，是不是也愿意和你交朋友呢？

经过家长同意之后，我把这篇文章贴到了班级博客。这样，本来一对一的交流就成了班主任和所有家长的交流。所有的家长都可以读到这篇文章，如果班主任的所做和所说不一致，那么这篇文章就是自己打自己的脸；如果班主任的所做和所说是一致的，那么他将收获无数颗家长的心。

教育心，就是把每个孩子都当作宝贝进行呵护的心。让家长感受到你这颗教育心，还有家长不愿意和你交往吗？

二、要学会转换交流场

记得那是 2009 年年底的一次家长会,为了让家长会更有实效和创意,我将策划任务交给班里的各个委员会,让他们各自设计方案,最后竞标。最后"相信我们,能行的"这一主题获胜,采用学生汇报、小品表演、写信给家长、家长陈述和合唱朗诵等多种形式,完成了孩子、家长和班级的链接。

就是在那次家长会上,很多家长被深深触动。长达 4 小时的家长会让人感觉如此短暂,可是孩子们吃晚饭的时间到了。当学生们整整齐齐地排着路队离开教室,走向食堂的时候,36 名学生的家长无一离开,他们在静静地等待着什么,似乎有很多话要说,尽管时间已经是下午 5 点。

当时,我深情地对大家说:"我知道大家肯定被孩子们感动了,大家一定还有很多的话要说,我也一样,有很多的话要和大家交流。这样吧,我们到学校旁边的咖啡馆,我请各位喝咖啡,我们一边喝一边聊。"于是,我把 36 名学生家长带到咖啡馆,继续进行交流。

交流的场所变了,家长和老师交流的心理也会产生变化。那次之后,我们班的家长会几乎没有在校内开过:可能是在某个家长公司的会议室里,可能是在某个茶馆里,也可能是在某个公园的草地上……场所的变化带来了交流心理的放松,改变了原来教师在台上、家长在台下的状况,这个改变可以让教师和家长回归到"人"的对等——大家都是为班级、为孩子成长服务的合伙人,不再你是老师,他是家长。这样可以让交流变得平等、自由、深入,当然也会更有实效。

但是,如何交流呢?

转换家校身份。一个老师只有放低自己,才能更好地向别人借力,才能明白借力的重要性。因为我们的视野的宽度和思维的广度是有限的,而家长来自各行各业,即使是在教育这块领地,教师也不见得比家长更专业。放低自己,那就要以求教者的身份和家长交流。

例如,高二(3)班是一个相对而言被学校放弃的班级,"作为这个班的班主任和家长,该如何帮助班级树立形象,帮助孩子树立信心呢?"这是那次在咖啡馆交流时,我向家长们求助的问题。(一个真心做教育的班主任,哪怕你心里是有谱的，也应该拿到家长会上，让家长们参与讨论，毕竟一个人的智慧是有限的。）在征询家长意见的过程中，家长的角色就不再是家校合作的被动配合者，而是班级事务的参与者，甚至是决策者。这一"主人公"的身份会极大地激发家长参与班级事务的热情。没有一个家长不愿意为自己孩子所在的班级做出贡献，通常情况都是班主任没有给家长做事的机会。

这个问题提出之后，大家展开了头脑风暴，最后得出了"人无我有，人有我优"的班级发展思路，就是在形式创新上做足文章，让这个"特色"为班级带来自豪感，进而提高孩子们的自信心。

家校身份转换之后，就是"交流什么"的问题了。交流什么，这个问题是非常关键的，也是很多班主任容易"犯错"的地方。结合多年的工作经验，我认为可以在以下三个方面做点文章。

1. 摆出班级困难

班级不应该是班主任一个人的班级，它是师生、家长共同的班级。家长的身份转换为班级的"主人公"之后，班主任带班的种种困难，以"主人公"身份参与的家长就能感同身受。摆出困难，能够让家长将心比心，即使班级出点问题，他们也会用理解而不是用苛责的眼光来看待。

例如我们在前面进行"班歌励志"的时候，从歌曲的选择到歌曲的排序等，都是由家长们来做的。如果我一个人来做，势必是非常困难的事情。作为班主任，给家长们机会，让他们去做，其实就是加强家长们"主人公"的身份。再如，我曾经在家长会上提出了班上学生谈恋爱的问题，让家长帮着出主意。家长提出了各种各样的办法，之后又被各种各样的理由拒绝，从中他们能确切地感受到教育的不易、班主任的不易。这样，家校之间的关系自然又近了一层。

2. 提出个案

面对班级的个案问题，家长总是站在孩子的立场上，维护自己的孩子，无论班主任怎么处理，总会有家长感觉班主任不公平，甚至还会听信孩子的一面之词，埋怨班主任。如果我们把这些个性的问题摆出来，那么就会让家长懂得换位思考，懂得包容他人，甚至回去教导自己的孩子。

3. 让家长提供解决方案

有时候一些班级共性的问题非常棘手，班主任要想找到合适的解决途径非常困难，但如果发掘家长资源，让家长提供解决方案，有时会有意想不到的收获。

例如，刚进入高三，非上课时间教室里闹腾得很厉害，因为很多孩子落下太多的课程，有不少孩子想利用这些边角料的时间来学习，"怎么能让孩子们安静下来呢？"这是一次家长会上我提出的问题。

每个家长都认真思考解决这个问题的方法，最后，玲的妈妈说："我有一个主意，可以解决这个问题。我们买一些一米多高的盆景，但是要买那种比较易碎的。谁碰坏就由谁来赔偿。"玲的妈妈在阐述自己的理念时说："买盆景放在教室里，孩子们一打闹，就很容易碰坏。规定谁碰坏就由谁赔，这样在无形中限制了孩子们的打闹行为。孩子们不知道我们这么做的真正目的，也更容易接受。此外，教室里有 30 多个人，如果关窗开空调，教室里的空气就不好，盆景还可以净化空气，创造'绿色教室'。"

在随后的讨论中，琦的妈妈提出了改进方案，就是让班级中每两个人承包一个盆景，让他们去照顾属于自己的盆景。买 18 盆盆景放在教室的空地上，35 个孩子加上班主任一共 36 个人，正好可以两个人照顾一盆。更重要的是，在两个人合作照顾盆景时，孩子们之间的友谊自然也可以获得增进。

18 盆盆景需要 2000 元左右的花费，钱怎么来呢？此时，萍的爸爸说："这个问题交给我吧，我有一个朋友专门做这个，明天我让他把盆景送到教室就可以了。"这不，问题一下子就解决了。

同时，这也促进了家长和家长之间的交流。我们班的家长大多是生意人，这样一个家校合作的平台也成了他们交朋友的舞台。家长和家长之间也成了朋友之后，孩子们之间的矛盾基本不用班主任出面，他们在私下里就可以解决了，班主任再也不用夹在中间做"馅饼"了。更可喜的是，某个家长来看望孩子，看望的就不仅仅是自己的孩子，而是整个班级的孩子。只要有一个学生的家长来，每个孩子都会感受到家的温暖。

在当下"瓷娃娃"遍地的现实中，每个孩子在父母的心中都是宝贝，一旦出现孩子之间的伤害事故，家长往往会不依不饶。但是，在班主任搭建的平台上，家长之间有了良好的沟通，甚至成了朋友，他们还会为这些事情来麻烦班主任吗？

作为班主任，如果你把自己放低，真诚地向家长借力时，那么就能在家长心中留下深刻的印象，家长也能帮你出主意、想办法。如果班主任把自己当作主导，那只会让自己更累。把班级的诸多事务交给家长，可以让家长切身体会到班级发展的步骤、方向，这种班级事务的策划者、参与者的身份，是我们当下的教育所缺少的，而恰恰又是非常重要的。

三、在私交中要淡化教师的身份

和家长交往，除了工作交往，还涉及和家长的私人交往问题。当下社会，和家长交往时必须放下班主任的架子，必须以一个普通人、一个可以做朋友的人和家长交往，营造班主任和家长之间亲密、随和的氛围。谈论孩子的问题时，也不能太过拘谨。

当时代脚步走到今天的时候，当一个教师的形象并非我们想象中那么"高"的时候，如果还把自己太当回事，是不利于和家长交往的，也不会和家长真正地成为朋友，最多只能是表面的朋友而已。一旦你不再是他们孩子的班主任，恐怕就"人走茶凉"了。

我往往都以朋友的身份和家长进行交往，实践证明取得了不错的效果，下面是我和一位家长的聊天记录。

一

家长：回来看到要买的书，那个《镀金时代》很难买啊，有没有明路指点一下啊？

我：我也没有明路啊，实在不行就下载电子版。

家长：算是一条小明路，我上网搜搜。

我：哈哈，搜到了给我一份啊，我还没有呢。

家长：晕，你真行！I 服了 U（我服了你）。

我：充分利用家长，懂不？哈哈。

家长：你要吗？还需要发给你？你鉴定一下，是谁翻译的作品。

我：我是吃菜的鸟，鉴定不出来。

家长：带了小礼物贿赂你，没想好怎么给，呵呵。

我：我吃菜，不吃贿赂。

家长：嗯，素的。

我：是菜吗？

二

我：收到了素食，感谢姐姐大人。

家长：呵呵，不客气的，小包是送给外甥女（笔者注：这里指我女儿）的。

我：你啊……

家长：哦，忘了梅老师喜欢吃的。

家长：昨天瞄了一眼丫头班里同学做的《凡卡》的教案，有模有样的哈。

我：那是，名师出高徒，哈。

家长：嗯，顺便说下，拿到手写的提纲，我还说："哟，你们老师的字儿还真……"闺女接话："难看是吧？"我囧，我本想说还真不错呢，看来孩子跟你还是有距离感。

我：她啊，就知道糟蹋我，不过呢，我的字呢，你懂的。

家长：她也不是糟蹋你，是你不懂，她对于一上来就牛的人有一种天生的排斥感，嘿嘿，谁让你一上来就那么牛。

我：哈哈，你啊，太不懂自己的孩子了。

家长：洗耳恭听。

我：第一，丫头是一个表面内向，而内心外向甚至有点强势的孩子。第二，丫头不但不怕老师，其实还很想和老师交流。第三，丫头对我这个老师不反感，其实她很想跟我聊天，呵呵，但又有些害羞的样子。

家长：哦，我明白了，你的意思是她说的话有时候要反过来想。

我：这次你聪明了点。第四，丫头的心理其实比同龄的孩子早熟，她的内在要比同龄的孩子更丰富。

家长：哦，谢谢，我反省。

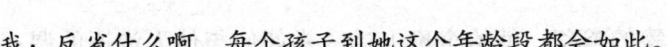

我：反省什么啊，每个孩子到她这个年龄段都会如此。

家长：我一直觉得她很幼稚，你还说她早熟。

我：丫头书看得多，所以内心就丰富了许多。不是早熟，她的内心很丰富，只是不表现出来而已。

家长：嗯，但是她流行的东西了解得少，觉得自己老土。

我：所以，我说，孩子保持两面没什么不好，一个真实的她属于她自己，这是她最温暖的地方。如果你把她了解透了，看透了，她就没有自己的心理空间了。

三

家长：那个，今晚6点的家长会，你几点吃饭啊？我下午5:45左右去找你OK的哦？或者直接去饭堂找你蹭饭吃？或者我请你吃饭？

我：还是你来食堂，体验一下我们食堂的饭。

家长：有先例没？

我：什么话，你是我姐，不是家长，请摆正身份。

家长：哦，6点之前是亲戚关系，6点以后是家校关系。

当老师放下教师的架子后，才更容易和家长做朋友。家长和老师的关系处理好了，班级事务和班级工作的开展就会顺畅许多。哪怕你在工作中有些许失误，家长也不会和你斤斤计较。家长为班级出力是有前提的，那就是：班主任放低了自己的姿态，让家长做班级的主人翁；班主任放下了教师的身份，和家长成为了朋友。

四、要懂得创设各种舞台

1. 为家长创设舞台

家长是宝贵的教育资源，因此开发家长资源是一件很重要的事情。毕竟，一个老师的生活圈子是狭窄的，而广阔的家长世界就是教育孩子的知识宝库。或让家长现身说法，让他们谈谈社会与人生、成长与价值；或给家长机会，让他们讲述自己专长研究的东西，开阔孩子的视野。例如，NLP（神经语言程序学）高级教练臻的爸爸，就给全班上过一堂如何与他人沟通的课；还有班会课的召开，无论是形式和内容，都有不少家长参与进来，从而让小教室变成了大世界。

2. 创造借力的机会

向家长借力的形式多种多样，也可以创造多种多样的机会。例如，每年到学期末，班主任都要给每个孩子写评语，但是很多老师没有认识到这一工作的多项功能，仅仅作为一项任务来完成。而在具体的评语写作中，我会征求家长的意见。在定稿之前征求家长的意见，其实就是向家长借力的过程。

如此，家长拥有了班级"主人"的身份，班主任成了和家长交心的朋友，您说，家长怎能不积极地为自己班上的孩子做事情呢？我好几次告诉家长："在苏州我没有亲人和朋友，你们就是我的亲人和朋友，有事情我肯定首先想到的是你们。"正是因为他们也把我当作了朋友，每当我抽不开身时，就有家长把我的孩子接回他们的家里；每当我身体有不适时，就会有家长帮忙提前挂好号、找好医生……

第二节 反转，凝聚家校合力

朋友们一定还记得第一章里我发给家长们的那条短信——

感恩所有亲人的辛苦付出，很惭愧不能亲临现场为大家分忧，只有一个请求：好好照顾我的孩子们。

"我的孩子们"，这应该是家长们说的话，但从老师的口中说出，就有了别样的味道。此时说话的我，就等于和家长的身份有了反转。

其实，较早的是另外一件事情——关于璇。

"请你以后不要来学校管我的孩子，在家里她是你的女儿，在学校里她就是我的孩子，你没有权力到学校对我的孩子指手画脚！"电话里，我的声

第十章 锦上添花的沟通艺术

音很大。

这是某天,我对班上璇的妈妈的怒吼。

那天,午饭刚结束就有两个女生到办公室里对我说:"老师,璇在宿舍里痛哭呢。"

"怎么回事儿?"我的语气里自然充满了焦急。璇一直是一个很努力的姑娘,且性格阳光灿烂,怎么会突然痛哭呢?

"她妈妈今天午饭的时候到宿舍,把璇骂了一顿,说璇不好好学习,连续三次数学考试考了班级倒数第一,她丢不起这个人。"

什么?我真的很惊诧,于是就有了开头的电话。

电话那头,璇的妈妈也很诧异,她无论如何都不会想到有老师会这么对她讲话,一时不知所措。

也就是在她不知所措之余,我心平气和地对她说:"您怎么这么糊涂啊,您想想,这么急匆匆地来到学校,对孩子劈头盖脸地批评一番,有什么好处?何况,这孩子的努力我是看得到的。一个人在自己努力争取却没有获得的时候,身旁不仅没有人打气加油,反而充满各种冷嘲热讽。何况,今天当着别人的面,来打击自己的是自己的妈妈,孩子能受得了吗?"我说得很诚恳。"你的批评,不会给孩子带来任何正面的东西,恰恰会让孩子觉得在同学面前没面子,觉得自己的家庭没有温暖。这样只会影响孩子的学习。我们作为成人,为什么不去尝试着了解孩子,帮助孩子,而要去打击孩子呢?你这是走向教育的反向啊!"

很长一段时间的沉默之后,璇的妈妈不停地"忏悔"和表示感谢。她明白了作为家长应该给予孩子温暖和动力,也明白了"回到家才是自己的孩子,在学校里就是老师的孩子"。

"不要来学校管我的孩子"中"我的孩子",这是典型的身份反转。韩非子说"人之性情,莫先于父母",没有人可以超越父母对孩子的爱,可是这种反转让家长体会到了老师可以"先于父母"。对孩子真挚的爱,可以让家长放心地把孩子交给老师,并由此信任老师、支持老师。

之后,璇的妈妈总是说:"把孩子交给这样的班主任,我放心,因为他是一个真心把别人的孩子当作自己孩子的老师。"

诚然，畅通家校关系的方式有很多种，例如可以建立微信群、QQ群，可以书信沟通，可以召开家长会议，可以创办班刊，可以建立班级博客等。但是，如果要让家校沟通变得融洽，我认为必须坚守"反转"的思想。

所谓反转，是指班主任在实际工作中，能够暂时放弃传统教育认知的身份或地位，用对方的身份、视角或心理来考量应该关注的内容的一种工作方式。具体到家校沟通，有三个方面的含义：

（1）临时抛弃教师的身份，作为学生"家长"的身份，在家校沟通中，让家长处于从属地位。上述案例，其实就是把自己置换为家长，让家长处于"从属"地位的工作方式。

（2）在班务工作中，考量家长的心理需求。其实，很多时候，班主任习惯了从"我"的角度思考问题，很少考虑家长的心理需求。于是很多工作满足不了家长的心理期待，自然也就很难让家校沟通走向顺畅。

例如开家长会，班主任总是思考"我应该讲什么"，而很少去考虑如果作为家长参加这次家长会能获得什么。于是常规的家长会就成了"感谢家长们参与——班主任介绍班级成绩——科任教师介绍学科状况——再次感谢家长们参与"的固定模式。诚然，这个过程家长成了"小学生"，成了聆听教师们功绩的展示会。或许，这就是很多家长不愿意参加家长会的原因吧。

理智地去想想，那些"功绩"是靠这个场合宣扬合适呢，还是应该通过具体工作，让家长们在日常中感受合适呢？个别交流是应该放在平时呢，还是非要把所有的家长都聚集在一起才交流？答案自然是后者。可惜我们往往照前者那样做，而恰恰忽略了后者。于是家长会年年开，家长年年不愿意来，没有别的原因，没有满足家长的心理期待而已。

所以，在实际工作中，我总是从考虑家长们的心理期待出发，让他们满意而归。请各位看我们召开的以"相信我们，能行的"为主题的一次家长会方案。

第一板块　向您汇报

目的：向家长汇报半个学期以来我们取得的进步，让家长树立信心。

原因：我们班曾经被人看不起，也让家长伤透了心，我们要让家长相信我们能行。

活动形式：（略）

第二板块　真情告白

目的：向家长表达我们的决心，展示我们的成长。

原因：有了进步之后，能不能坚持是关键，一定要让家长看到我们不但进步了，而且能够继续创造奇迹。

活动形式：（略）

第三板块　家长陈述与评选

目的：让家长陈述自己的教子之道，树立家长典型，让所有的家长都学会陪伴自己的孩子。

原因：有些家长对孩子太失望了，需要从别的家长身上吸取经验，更好地为孩子的成长服务。

活动形式：（略）

第四板块　重生上路

目的：展示我们的感恩，表达我们的决心。

原因：我们的家长需要被震撼，让震撼的效果表达我们成长的愿望，赢得家长的心。

活动形式：（略）

从家长会的主题设计到各个板块的内容，都是在为家长树立信心，让家长在活动中感受成长的力量。（笔者注：当时几乎所有的人都对我们这个班不抱希望。）因为每一个参加家长会的人都知道这不是一个好班，但是我又深知没有一个家长，不对自己的孩子抱有希望——哪怕这份希望是渺茫的。而这次家长会的设计，恰恰满足了家长们的期待，自然也就取得了良好的效果，也有利于以后班级工作的开展。

（3）教师放下主导心理，和家长一起做孩子行为的观察者和促进者。

家校沟通不是简单的语言或者文字沟通的行为，因为现代社会语言抑或文字在很多人的心目中是打折扣的。而如果采取更加生动形象的方式，把孩子的行为呈示在家长面前，那就是最好的明证。自然，也是家校沟通最直接和最有效的方式。

为此，我们班每次开展活动，都是孩子们来策划、组织，班主任只是一个观察者。因为每次活动会对家长开放，家长也是其中的观察者。

那是一次"感动小组人物"评选活动，君、路、开和宇的妈妈都来了。

舞台上孩子们精彩的主持、生动的演出，以及巧妙的背景设置都让家长们连连称叹。尤其是每一个候选人上场时，君打开手电作为聚光灯的做法，让家长们捧腹大笑。而一个个"讲故事的人"用精湛的演讲艺术讲述的感人故事，也让家长们眼睛里满含泪花。活动结束时，主持人让家长走上台，为当选者颁奖，更让家长们倍感欣慰……

是的，不需要过多言语，看完孩子们精彩的展示，他们能够感受到班级的活力，能够感受到班主任的用心。"桃李不言下自成蹊"，不需要说什么，这就是最好的沟通。

诚然，在老师和家长的关注中，在老师和家长带有鼓励抑或赞赏的点评语言中，孩子们更能感受到成长的快乐和自豪，进一步激活了整个班级。

后来，家长们也形成了一种默契，每次参加活动时，都会带上水果或者零食。这种行为不正是对孩子们的褒奖和对教师的赞赏吗？在家长的心里种下这样一颗种子，家校沟通怎会不顺畅？

其实，这种反转，既是身份的反转，又是心理的反转，同样也包含言语的反转。言语的反转，是一种沟通的艺术，也是教育能力和教育情怀的展现。在现实生活中，很多老师不会和家长说话。这样造成的结果，小则沟通不畅，大则会对孩子的教育产生负面作用。

所以，我们接下来有必要谈一谈该怎么和家长说话。

第三节　你可以这么和家长说

记得有一位教育专家在西安讲课的时候，义愤填膺，说很多老师根本不合格，这是当前教育进入困境的最大原因。该专家的话有过激之处，但也并非全无道理。

从我们听到的或观察到的很多事例中都可以发现，如果教师说不好话，那么会产生不小的影响。记得有这样几件事情：

案例1："不行，我要回家去深刻反省自己的教育方式，要好好地教训一下那个臭小子，他太过分了！"家长的脸色非常难看，他没有想到自己会培养出这样的孩子。

案例2："奶奶的，什么语文老师啊，我难道不想让我的孩子学好吗？在学校里教育孩子是老师的事情，我们家长什么都懂的话，还要你们老师干吗！"这是一个家长说的粗话。从此孩子在外面补课，再也不理老师了。而老师从此也认为该家长不可理喻，还把火气发到了无辜的孩子身上。

案例3：（对孩子的上网问题）家长不闻不问，还会把孩子学不好的责任推到我（班主任）身上。

【沟通过程】

案例1：数学老师把家长约到学校谈了一个小时。数学老师说："你要回家和你儿子好好沟通！"家长问："老师，那小子有啥毛病啊？"

"第一，孩子的进取心不强，做完作业就不干别的事儿了，无所事事，吊儿郎当；第二，这孩子总是自以为是，从来不问老师问题；第三，做事情不主动，上课基本不举手回答问题。别人回答的时候，他就知道瞪大眼睛看。"

案例2：语文老师把家长叫到旁边。"看看你孩子这张试卷，错得一塌糊涂，作为家长你要对孩子提高要求啊。而且这孩子基础这么差，再不提高要求，会毁了孩子的。"家长说："我和他妈妈都没怎么读过书，很多东西我们也不懂，拜托老师严格要求孩子。""你的孩子，你都不严格要求，我们能怎么办？"

案例3："现在孩子上网的问题已经严重影响到了他的学习，你看看期中考试试卷，都错成什么样子了。作为家长，你得想想办法，别让他这么沉迷于网络，这样会毁了孩子的。"

【案例分析】

案例1：这是老师在家校沟通时常犯的毛病，只是呈现问题，而没有提出解决问题的方法。因为家长也不太懂如何教育孩子，其结果肯定是家长难受、内疚，只能回家"收拾"自己的孩子。此外，由于老师的沟通才导致了孩子被家长批评，孩子很有可能从此恨上老师。这样的沟通不但不会解决问题，而且会把问题扩大，甚至走向反面。老师所做的不是真正的教育工作，而是把孩子引导到了教育的反向。

案例2：这位语文老师同样犯了一个毛病，只是告知了家长孩子的问题，并且把语文成绩差的问题全部推给了家长。要知道，家长是教育借力的对象，而不是教师推卸责任的对象。这位老师把孩子学习不好的原因全部归为家长，是完全没有道理的，因为没有任何一个家长不想让自己的孩子优秀。何况，老师还说孩子基础差，明显对孩子抱有一种严重失望的态度。其实当老师的都知道，"基础"是一个极不负责任的词语，如果中学老师埋怨学生基础差是小学老师造成的，那小学老师埋怨谁去？埋怨家长吗？还是埋怨基因？放在你的篮子里就是你的菜，无论基础怎样，你都必须尽力让孩子获得成长，这是你的责任。长此以往，家长不相信老师也就可以理解了，自然，老师也别希望家长会配合你的工作。

案例3：孩子上网是由多方面原因造成的，但是老师说了半天依然是把更多的问题推给了家长，从这个角度来说，和上一个案例一样，这也是不负责任的表现。每一位家长都想让自己的孩子好，他们本来想从老师这里找到解决问题的方法，但是老师的一句话便把自己的责任推得一干二净，不但让家长的期望落空，而且也伤了家长的心。所以个别家长自然就会采用极端的方式——孩子成绩一旦差了，那就别怪家长不客气了。

【沟通方式】

案例1：建议家长把老师的话倒过来和孩子交流。家长可以这样对孩子说："本来我以为你犯了什么错误，老师会在我面前批评你，结果老师表扬了你一番，还说了你三个优点。第一，你不像其他孩子一样上课胡乱举手，而总是经过深思熟虑之后才举手，证明你有优秀的思考习惯；第二，你具有很强的独立性，总是善于独立思考问题，独立解决问题；第三，你能够及时完成作业。但是，老师也提出了一点建议，这是老师找我的根本原因。老师说如果你能主动提出一些问题，尤其是有挑战性的问题，那么你的成绩会更好，老师认为你有很大的潜力。所以，我希望你能挑战一下自己。有这么好的老师帮你，多好啊！"（如果教师也这么倒过来说，家长的心理是不是也会起变化呢？）

案例2：建议老师这么和家长交流："××家长，不好意思把您叫来，我知道在学校里，教育孩子应该是我的责任，但是我想如果我们共同想办法会更好，您说呢？"然后拿出孩子的试卷，告知家长已经和孩子一起分析过了，发现有些是马虎问题，有些是态度问题，有些是确实不会。"你看，真正不会的还是不多的。就是这个态度问题和马虎问题，我们一起想办法解决就好。孩子在学校里我会督促的，回到家里，希望我们也能协调一致。"然后，听取家长提出的建议。

案例3：建议老师这么和家长交流："孩子上网的时间太长了，已经严重影响到了学习，今天我们一起想想办法，让孩子少上点网，收收心。"然后和家长一起出主意，可以让孩子做事，家务活儿或者班级的事情，以此冲淡他对上网的兴趣；可以找到一种上网和学习相结合的途径，或者其他的方法……

【沟通结果】

案例1：孩子非常兴奋，没想到老师如此看待他，本来以为老师看不起他呢。从此孩子开始探索问题，也开始不断问老师问题了。

案例2：家校找到了一种解决问题的途径，一起为孩子的成长服务，家长也因为老师的尽心而感激老师。

案例3：家长改变了抵触的情绪，开始积极配合老师，也因为老师的用心而和老师成为了好朋友。

【教育启示】

①家校沟通首先不是呈现问题，而是寻找解决问题的途径。

②家校沟通是为了给孩子的成长注入正能量,不能走到教育的反向。

③教师不能推卸责任,教育好你的学生就是责任。

④话语里少一些"你",多一些"我们",让交流中充满温情,而不是问责。

第四节　搭建多维沟通平台

写这段文字之前,刚和一个朋友通过话。她说很多时候,隐性的沟通效果会更好,无言的效果往往会胜过言说。所以,多维沟通平台的搭建并不一定是建立微信群、QQ群等,因为那是显性的存在。有时候,你把文字摆在那里,不言不语,就是最好的沟通,而这种沟通的效果恰恰会更好。

例如刚刚建立班级博客的时候,我会自己写一些文字,或者把我在其他地方进行的文字讲座整理出来放在博客里,也会及时上传一些班级动态。比如,下面这篇《别让美好凝结成伤》就曾经贴在了班级博客里。

别让美好凝结成伤

真的,事情过去好多天,屡屡回望,总有种揪心的痛。

从上学期的期末考到上个月的月考,彦的语文试卷都让我的心头腾地冒火。不在于分数,而在于那极不认真的态度——试卷上的空白处,他答题时在第一行空了两个格,在第二行空了五个格,而在第三行可能是四个格,在第四行可能是六个……整张试卷上乱七八糟。你可以考不好,因为这是能力问题,但是一个学习态度尤其是考试态度出问题的孩子,是无论如何都不可以原谅的。

是的,实在忍耐不住,因为我可以接受任何一个孩子现状的不好,但我绝对难以容忍这样的学习态度(事实上彦总分蛮高的)。分析考卷时我对彦发了火:"你那叫考试吗,连考试都不当回事,你还能学好吗?你看看你的语文试卷,是怎么回答问题的?简直就是浑蛋做法!"我知道,我的言语很严厉,甚至很过分,甚或我伤了这个孩子的心。

彦缓缓地站起来,嗫嚅着说:"我怕批卷老师嫌回答的内容太少,想把空格填满。"

"我……"

我不能为自己的批评找各种理由。

我冤枉了孩子。

是我的轻率伤害了孩子的心。

记得一个周六的早晨,我走进家里卫生间的时候,竟然发现马桶没有冲掉,一定是丫头干的!于是火气一下子腾地就上来了:"丫头,你越来越小了是不,上完厕所连马桶都不冲吗?"

丫头的脸色有些紧张。是的,我对丫头一直很严格,甚至有些不像父亲,以致爱人总是抱怨说:"学生是你亲生的?还是女儿是你亲生的?你对孩子远没有对你的学生好!"

"我……我……"女儿的声音里有几分忐忑,"我早晨很早就上洗手间,怕冲马桶的声音把你和妈妈惊醒。"

这……只有,也只有紧紧地把女儿抱在怀里:"宝宝,对不起!"没有表现过多,眼泪已经在心头打转。

旁边的爱人用蔑视的眼光看着我,"亲爱的,什么都别说……"我懂。

……

回首每次批评和发火,心里满是滴血的痛。做老师和家长的,有多少美好的花朵,在我们的言语暴力下零落成泥,凝结成伤啊!

曾经在自己的日志中写过:"如果孩子愿意欺骗,我就会相信美好。"那么,是否此刻我也得说:"我们绝对不能让孩子心灵的美好,因自己的简单粗暴而凋零!"

对不起,彦;对不起,我的宝贝!

朋友们一定和我一样读过这样的文字:如果老师有错误,那一定要勇于承认错误。但我们都知道,"勇于"是一个容易说出来、做起来却非常难的词语,因为你我毕竟是凡人,如果"勇于"容易做到,我们早就不是现在的自己了。

但是,不"勇于"不意味着自己就可以不承认错误。如果把自己的想法放在文字里,家长们读到了,会不会产生同样的效果呢?不,不一样!它的效果会超越言语。

言语的可信度会让人怀疑,而文字的穿透力、诚信度往往会更高。所以,把自己的心里话贴在博客里,往往更能触动家长的心。例如彦的家长,以及由此涉及的其他家长。

除了博客之外,我们还建立了班级微信公众号。我们不仅在微信公众平台上宣传班级事务,而且有专门的板块为家长点赞。是的,为家长点赞。

每个人都一样,如果让家长为班级奉献,除了让家长看到班级的变化之外,也需要为家长点赞。请各位参看我班的微信公众平台发的一期消息——静若处子·动如脱兔。

核心文化:让彼此成为生命中的贵人。

精神支柱:勇于突破,羽翮雄起。

格拉斯说,人都被潜藏在内心的归属、力量、自由和快乐四种心理驱动。我们以四种心理驱动为支架,构建起了一个人人有归属、个个有力量、班内有自由、校外有快乐的班级。

以小组合作打破班级管理的金字塔结构,人人都有归属感,人人都有存在感。

大家学业互赖、情感互赖、成长互赖,因为互赖而凝聚,因为凝聚而温暖。

学习一起、活动一块儿、家校一体。

第十章 锦上添花的沟通艺术

静若处子:学习,我们是认真的!

我们不是一个起点高的班级,可大家都怀着远大的梦想。我们坚信只要勇于突破,就一定会实现梦想。看,我们安静的姿态——

圣诞夜狂欢后,唯我安静如是。

没有老师的自习课,谁可以如此?

挺直腰杆仔细听,不怕累,就怕错过精彩!

家校沟通，没有痛过你不会懂

所以，我们是常规流动红旗的获得者、跑步流动红旗的拥有者、运动会的文明班级、学期综合评比的优秀班集体。

所以，我们从学期初到学期末，可以让一本模拟上线率提升30个百分点。

可，我们不是书呆子，我们还可以动如脱兔。

动如脱兔：活动，我们是尽情的……

猜，什么游戏？

哈哈，生日会，不留一张干净的脸。

第十章　锦上添花的沟通艺术

谁是卧底？玩的就是演技！

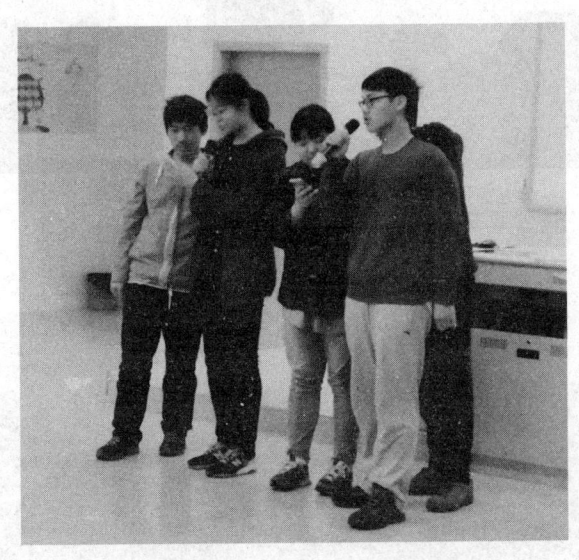

歌声或许不悦耳，但年华可以如花烂漫。

家校合作

家长，可是我们最坚强、最温暖的后盾——
我们可以肆无忌惮地和家长一起狂欢。

我们可以喊年轻能干的家长——女神姐姐。

我们，嘘，是他们，可以随时参加我们的小组活动。

他们可以和我们一起玩"卧底"。

他们可以……我们可以……

还有，告诉你哟，我们刚刚举行了一次高大上的集体培训，没有之一！

资深企业HR、中国台湾地区心理咨询师、北京大学卓越书同家庭指导师、苏州大学硕士生导师等，一起给我们做人生的规划，做心理的疏导，引导我们清除内心的毒素，解开生命的密码，教会我们科学规划时间、正确树立目标……

正在进行的培训，如何激发生命的潜能。

和我们一起聆听的家长们。

第十章 锦上添花的沟通艺术

感触很深，不吐不快。

看，家长们多专注啊！

如此高大上的活动，简直让我们脱胎换骨啊！

班主任说："我们前进的每一步，背后都是家长们最热情的心。"

我们说："爸爸妈妈，放心吧，我们会将生命的潜能发挥到极致，不负青春，不负深恩！"

家长说："你赢，我们陪你君临天下；你输，我们陪你东山再起！"

彼此，我们做生命中的贵人。

还有还有……

罗老师说："羽翾班孩子真好，别人都交完试卷飞出了考场，你们班孩子会默默地关上电灯和门窗。"

董老师说："你们班是我见过的最有朝气的班级，未来，简直不可限量！"

某校总务主任说："苏大附中的孩子就是懂事，做什么都井井有条。"

某校校长说："短短时间的接触之后，我能感受到你们身上迸发出来的力量，彰显出来的素养，了不起！"

……

我们一直在路上，

带着我们的《心境本》，照亮每一个日子，也照亮着远方……

不需要太多的话语，家长们会将之主动传播，传播得越广，自豪感就越强烈。一个为自己孩子的班级感到自豪的家长，还需要更多的沟通技巧吗？这个平台的搭建，本身就是技巧。

讲述家校沟通，总是有不少人会说，教师要引导家长如何做家庭教育，并提出了很多引导的方法。有时候想想，这种说法也有一种悖论存在。一方面说平等地对待家长，另一方面又说要引导家长。其实，家长就是家长，他们是成人。如果自己的功力不够，却又要去引导家长，恰会适得其反。如果真的需要进行引导，那最好的选择依然是"不言不语"，将东西放在那里，而不是去"教导"，因为，大多数家长是讨厌教导的。

例如，我会通过家委会，把自己读到的如何进行家庭教育的文字，通过家委会转发到家长QQ群，让大家自主阅读。此外，我也会把自己的讲座整理稿发给全体家长。例如我把自己在广东一个家长群里的讲座稿，发给了全体家长，引起了不小的反响。

梅洪建家庭教育讲座：陪伴成长

时间：××年×月×日晚
主讲：梅洪建（以下简称梅老师）

梅老师：我本不是一个好爸爸，但受祁老师邀请，只好赶鸭子上架，和朋友们唠叨几句自己的看法。

馨月妈：梅老师，孩子注意力不集中，跟不上老师的节奏，课堂听课效率低下，有没有什么好方法？

梅老师：接您这个问题，我来谈谈自己的看法。首先，想告诉您的是，我的孩子成绩也不好，可以说很差。我也曾经心急如焚，但现在我心如止水。因为这里要有一个基本的认知——孩子是我的，他本来就是个性化的存在。每个孩子都是他自己，不是和别人比较而存在的。

晟皓妈：梅老师孩子多大了，应该跟我们的孩子差不多大吧。

梅老师：我们的家长，当然包括我自己，总是喜欢去比较，这种心态是一个家长做不好家长的根本所在。有比较就会有差别，有差别心态就会不平衡，心态不平衡就会迁怒于孩子，这样就会形成一个怪圈。这不但不利于问题的解决，而且会使问题进一步恶化。中国有句话，叫人比人，气死人。

晟皓妈：都知道的道理做起来难。

馨月妈：但是我想大部分的家长都这样，不自觉地去比较。

梅老师：是的，既然明白了，为什么不放下呢？

章昱妈：对，做到不去比较很难。

梅老师：我也是，我刚才还说，我家孩子也让我心急如焚，但现在我不去比较了，因为比较没用，不利于问题的解决。教育，或者说做家长，不是只要发现问题的，也不是只要盯着问题的，而是要解决问题的。问题的解决才是教育的成功。

祁迹爸：教育是一项慢的艺术，大家要学会等待，学会忍耐。如梅老师说的要设法去解决问题。

梅老师：如果你的不平衡能够解决问题，那你就去不平衡吧，但是我们知道这不可能解决问题，针对自己的孩子，我也曾经迁怒于老师。

晟皓妈：看来要学学和尚和尼姑。

梅老师：呵呵，皓妈妈说得不对哟，现在的问题是我们怎么做的问题。

章昱妈：我现在还搞不清楚奥数有没有取消啊，我的一个朋友说他的孩子小学没有学奥数，后悔死了。

梅老师：学奥数才该后悔，孩子的成长比成功更重要。

馨月妈：家长该怎么做呢？

梅老师：对，我现在来谈第二个问题——我们该如何做？简单来说，就是陪伴孩子成长。现在我就在陪自己的孩子成长。

祁迩爸：陪孩子一起成长，请记住梅老师的话。

馨月妈：具体如何做？

祁迩爸：这是一个十分重要的教育命题。

梅老师：先给朋友们分享一个故事——

　　有一个精神病人，以为自己是一只蘑菇，于是他每天都撑着一把伞，蹲在房间的墙角里，不吃不喝，像一只真正的蘑菇一样。心理医生想了一个办法。有一天，心理医生也撑了一把伞，蹲在了病人的旁边。病人很奇怪地问："你是谁呀？"医生回答："我也是一只蘑菇呀。"病人点点头，继续做他的蘑菇。

　　过了一会儿，医生站了起来，在房间里走来走去。病人就问他："你不是蘑菇么，怎么可以走来走去？"医生回答说："蘑菇当然也可以走来走去啦！"病人觉得有道理，就跟着站起来走了走。

　　又过了一会儿，医生拿出一个汉堡包开始吃。病人又问："咦，你不是蘑菇么，怎么可以吃东西？"医生理直气壮地回答："蘑菇当然也可以吃东西呀！"病人觉得对，于是也开始吃东西。

　　几个星期之后，这个精神病人就能像正常人一样生活了。虽然，他还觉得自己是一只蘑菇。

　　其实……一个人可以带着过去的创伤继续前行，只要他把悲伤放在心里的一个圈圈里，不要让痛苦浸染了他的整个生命，他就可以像正常人一样快乐地生活。

　　当一个人悲伤到难以自持的时候，或许，他不需要太多的劝解和安慰、训诫和教导，他需要的，只是能有一个人在他身边蹲下来，陪他一起做一只蘑菇。

第十章 锦上添花的沟通艺术

祁迹爸：谢谢梅老师和我们分享这个富有教育智慧的故事。

馨月妈：你是说孩子伤心时家长陪着他伤心，孩子快乐时家长陪着他快乐。

梅老师：陪伴成长就是让孩子看到成长的希望，获得成长的力量。例如，当孩子考试后，回到家里，很多家长会问孩子：你考了多少分，班级平均分是多少，你考了多少名？大家也一定是这么问的。

章昱妈：对啊。

馨月妈：是的。

梅老师：但是，我们退一步来说，孩子考好和考坏，对孩子以后有什么用呢？

泓滔妈：问了之后再鼓励。

梅老师：孩子考好了还好，如果考坏了呢？或许是批评，或许是鼓励，批评也好，鼓励也好，这都不是陪伴成长。

馨月妈：有一种叫"教育焦虑症"，我相信很多妈妈都有过这种经历。孩子刚上小学，本来以为数学考90分以上就很不错了，一打听，班里考100分的蛮多，那90多分岂不是倒数了，将来高考怎么办？于是家长就没法淡定了，很多时候往往是淡定一天，焦虑三天。您怎么看？

梅老师：这种"教育焦虑症"必须要自己调节，差10分不代表孩子差。我们继续谈陪伴成长。

馨月妈：您真能淡定吗？

梅老师：不是能不能的问题，而是必须做到。这是我准备要谈的第三个问题，暂时搁一下好吗？我们继续谈陪伴成长。关于考试处理，我的建议是这样的：你把试卷拿过来，然后对孩子说："宝宝，我们看看哪些是应该错的，哪些是不应该错的，好吗？"和孩子一起分析试卷，比批评或者鼓励更重要。批评是最要不得的，而鼓励是需要讲究艺术的，任何直白的鼓励都只能助长孩子的虚荣或者迷失，而讲究艺术的鼓励才会真正给孩子带来成长的动力。所以，在分析试卷的过程中，你会告诉孩子，这道题是因为马虎做错了，那道题你是能做出来的。你会发现，到最后，所有的题目孩子都该做对，这样你就可以接着鼓励孩子："你的能力不比任何人差。"这个时候孩子就能获得前进的力量。同时，你告诉孩子失分的原因在哪里，问孩子有没有信心克服这个不足。孩子一定会告诉你,他能的!即使他以后依然会犯同样的错误,你也要俯下身子,一直陪他走下去。在没有批评和无形的动力给予中,你的孩子才能真正赶上来。

祁迹爸:嗯,家长、老师和孩子都是平等的个体。

梅老师:而你心里的不平衡或者生气,解决不了任何问题。明知解决不了问题,你还糊涂着去做,不是很傻吗?可是,我们很多人都做着这样的傻事,我也一样。但现在我明白了,我就一直这么做着。之前我说我们的交流时间是到7点结束,因为7点之后,我会陪自己的孩子。每天晚上7点到9点,我跟孩子或者分析试卷,或者一起读书,或者仅仅是聊天。

章昱妈:是啊,梅老师的方法我有时也在用,但有时情绪会胜过理性,以后真的要好好调整自己的心态了。

梅老师:当孩子拥有了一个成长的伴的时候,他就会走得更好。

章昱妈:是啊。

梅老师:现在我来谈第三个问题——自己的孩子。刚才馨月妈妈差点将话题引到这里。为什么谈自己的孩子。首先这个孩子是自己的,每个家长都把孩子当作宝贝,却不知道如何让孩子成为宝贝。

馨月妈:嗯!

梅老师:我们明明知道现在中国的教育在折磨孩子,我们家长都被教育绑架了,你难道非要让你的孩子经受这种折磨吗?你可能会跟我说,孩子要考高中,要考大学啊!

馨月妈:是的,是的。

梅老师:这就是你没把孩子当作自己的孩子的体现。孩子既然是我的,我就必须为自己的孩子负责。这个负责就是让孩子健康快乐地成长。大家都知道,中国的教育是"毁人不倦",就如一个泥潭。只要你的孩子身体健康,只要你的孩子人品不坏,只要你的孩子喜欢读书,那就已经很好了。或许您认为这是理论,但我觉得这应该转化为行动。等到我们的孩子要考大学的时候,现行的考试制度,尤其是高考制度一定会有所改变。如果孩子是在逼迫的体制内长大的,你觉得他能适应未来的高考吗?风物长宜放眼量。

梅老师:某地(不便说出真实的地名)最好的高中,您知道每年参加全国高考的比例是多少吗？4%！也就是说，96%的孩子放弃了高考。这些家长为什么会勇敢地放弃高考，因为教育'死'了。所以，我们把孩子当作自己的孩子，就应该为孩子的长远考虑。教育是慢的艺术，不是通过比较得出来的。

祁迹爸：梅老师，麻烦您谈谈作文好吗？家长很期待，呵呵。

梅老师：我想对优秀孩子的家长说几句。因为刚才说的大多是针对后进生的家长，可能优秀孩子的家长听来无益。两句话，送给朋友们：优秀不一定是真正的优秀；优秀不代表考试分数高，而是成长的潜能和动力的体现。一定要多关注孩子的学习能力，而不是分数的结果。现在的学校考试很过分的，听话的孩子能考高分。

祁迹爸：现在的试卷死知识太多。

梅老师：但是，听话的孩子往往成不了大器，这是中国教育体制下的铁律。为了孩子的成长，我们要对孩子进行引导，尤其是在阅读方面、在孩子的自学能力方面。

馨月妈：梅老师，你在作文方面小有成就，能不能谈谈作文的指导。

梅老师：说完这点吧。一个成功人士90%是家庭教育的结果，17%是学校教育的功能，87%是自学的结果，里面有交叉的关系。

梅老师：一个会阅读和自学的孩子，才是真正具备学习能力的孩子，他才会获得最终的成功，而不是当下分数的高低。我们这些明智的家长，应该比我更懂。

晟皓妈：听了梅老师的话，我以为让小孩早点独立好，很少陪他，看来要多陪伴。

梅老师：独立和陪伴不矛盾。独立是性格上、行为上，而陪伴是心理上、成长方面。

梅老师：还有10分钟，刚才大家一致问作文的问题。

馨月妈：我们都是在应试教育下苦苦挣扎的家长。

梅老师：这个挣扎应该是为孩子的长远服务，而不应该是被分数绑架的痛苦。让我谈作文本身就是各位功利的体现。小学3年级，作文真的那么重要吗？

馨月妈：就为了我们家长功利一回吧。

梅老师：现在的小学作文教学有个弊端，就是让学生填空写作文，叫看图写话。这样其实会限制孩子的思维。一个家长培养孩子写作能力的最好方式是谈话，例如，你回到家里可以问问孩子今天班上发生了什么事儿。孩子会给你讲。例如两个小朋友吵架了。那么你接着问他："小朋友吵架的时候，他们脸上的表情是什么样的啊？"这样孩子就会进行描绘。如果你接着问："宝宝，那你能不能用'他的脸像……'这样的句式，跟爸爸妈妈说说呢？"这样句子就更生动了。

晟皓妈：我儿子都会讲的，每天叫他记下来，是吗？

梅老师：不用每天记下来，讲的过程就是锻炼。

梅老师：故事都说完了，你若想进一步培养孩子的写作能力，可以继续这么问：如果你把这件事情当故事讲给别人，从哪里开始讲会更吸引人呢？这样就培养了孩子的文章结构意识。

馨月妈：我们怎么都没想到呢？

梅老师：讲完了故事，你问问孩子，我们能从中学到什么呢？这样就培养了孩子的主题意识。

梅老师：每天孩子给你讲班级发生的故事，你陪他玩这个故事的过程就可以锻炼孩子写作文了。

馨月妈：现在孩子都3年级了，还来得及吗？

梅老师：5年级都来得及，3年级才刚开始。会出现的一个问题是：孩子不愿意讲班上发生的故事怎么办？或者孩子不愿意每天去讲怎么办？

祁迹爸：引导呀，创设氛围呀。

梅老师：你可以让他讲他看过的故事，或者你给他讲故事，然后让他调整顺序或者谈感悟等。祁老师说得对——创设氛围，这其实就是陪伴成长。你也可以把身边的任何一件事情，讲给孩子听，让孩子在耳濡目染中养成将生活转化为作文的能力。老师们总是说，孩子视野狭窄，不知道写什么东西，这是误区。孩子缺的不是生活，而是将生活转化为作文的能力。按照我们上面说的，不停地去玩故事，让故事变得艺术化。艺术化了的故事，不就是很好的作文吗？

梅老师：7点了，我得去陪孩子了。感谢各位，我们以后再交流。

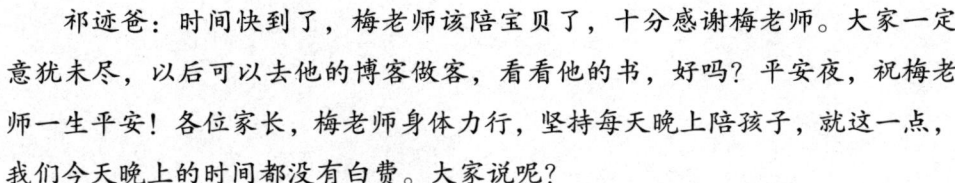

祁迹爸：时间快到了，梅老师该陪宝贝了，十分感谢梅老师。大家一定意犹未尽，以后可以去他的博客做客，看看他的书，好吗？平安夜，祝梅老师一生平安！各位家长，梅老师身体力行，坚持每天晚上陪孩子，就这一点，我们今天晚上的时间都没有白费。大家说呢？

晟皓妈：看来我也要去陪孩子了，平时没重视孩子心理的发展。

祁迹爸：今天晚上有几个关键词：陪伴、成长、等待、解决问题、玩故事。我想值得大家深思。

至此，各位一定明白了，千万别带着"引导"的心态和家长进行交往，"交流"才是沟通的要义。

或许，作为阅读此文的您，还有更好的方法，期待读完这本书，我们能有后续的交流。

尾声：并非多余的话

郑州一行，听诸多名师谈沟通之事。没有被众人的智慧折服，反而有脊背发凉的感觉。性格使然抑或良知使然，总之我写下了尾声。我的心告诉我，这个尾声，绝非多余，很可能会让您印象深刻。

不是小说，非得写什么"尾声"啊？

这不是实在没办法嘛！

正文结束了，总觉得有些话必须要说，所以，就有了这个"尾声"。

各位一定记得书中的这段文字：

记得看过一篇谈家校沟通技巧的文章，其中一招是三个"一"。首先是一把椅子：当家长来的时候，给家长搬一把椅子，最好是当着家长的面擦一下椅子；其次是一杯茶水：班主任在办公室要常备茶叶和一次性水杯，让家长一来就感受到温暖；最后是一种平等：要对家长以礼相待，不能居高临下。

我知道，您记得。

说实话，写这本书，我特别想在扉页上写下"谨以此书献给我的父亲——给予我强大心灵的人"。可是，我没有写，因为内容不太契合。

虽然是父亲给予了我力量，让我有勇气剥开自己那段不快的过往，但是，我想说的是，亲爱的朋友，您为自己的父亲搬过一把椅子，并当着他老人家的面擦过吗？您给自己的父亲精心地泡过一杯茶吗？您对他老人家以礼相待了吗？

如果没有，我觉得是一种遗憾。

你把家长看得比自己的父亲还重要。

说得这么严重，不是说不需要这么做，而是想表达——

家校沟通，绝对不是为了讨好家长！

绝对不是！

如果你失去了尊严，那么家长会更看不起你。沟通是为了让彼此明了内心的想法、行事的方式、行事的路径等，是为了赢得家长对你的认可和支持，进而更好地为班级服务，为孩子的成长服务！

如此而已！

此刻，我双手合十，感谢您认真地读完了本书的每一个字。

感恩！

后记：感谢一颗不曾凋零的心

在电脑里敲完了最后一个字，又是深夜。

这样的深夜，再熟悉不过了，每天都是零点以后才休息。

记得《做一个不再瞎忙的班主任》一书完成的时候，我靠在上海那间单身宿舍的椅背上，泪流满面。而今天，在古都咸阳，这个靠近渭城古渡的小房间里，我竟然没有一丝想哭的冲动，反而特别想感谢自己，感谢自己这颗不曾凋零的心。

当然，如果这颗心凋零了，就不会有读者朋友眼前的这本书了，自然也就不会有一个重新站起来的灵魂——如果我已经站立起来的话。

这么多年，经历的痛苦够多了。

这么说，是不是显得特别的矫情？哪个人的成长没有痛苦？哪个人的生活没有悲伤？

也是，谁都有。

张晓风说："树在，山在，大地在，岁月在，我在，你还要怎样更好的世界？"是啊，其实，一切都还在，人没有必要去悲哀。

曾经，我特别理解那些选择结束自己生命的人，如果不是走投无路，谁会选择结束自己的生命呢？至少，他们有勇气结束自己。

可是写完了这本书，我又特别想说：生命没了，其他还能好起来吗？

不能！

《圣经》中说，要爱身边的人。

但是，如果我们连自己都不爱，又怎会爱别人？爱自己，它才是东山再起的最大资本。

但并非所有的人都可以东山再起，因为并非所有的人都懂得从过往中打捞智慧。如果不从痛苦中打捞智慧，那么痛苦就会变得毫无价值——只能是一种折磨自己的存在而已。

打捞，本身就是智慧。

何况你的打捞，既可以成就自己，又可以智慧他人。

对啊，智慧他人，这是每一个人应负有的现实的抑或历史的责任。如果我们在一个地方跌倒过，却不告诉后来者如何避开这个地方，那是不是显得特别不厚道？

您一定会说：是的！

因为您本善良。

在写作过程中，每天我都会和父母、妻女通电话，在和他们的通话中，我的心灵一点点地被熨帖。

还记得昨天和女儿通话的情景：

"爸爸，你是中午回来还是晚饭时回来？"

"晚饭时回来。告诉妈妈别做晚饭了，晚上爸爸请客吃大餐。"是啊，这次外出已经将近20天了，该和妻女好好聚聚了。

"不要，不要，妈妈已经准备了好几天了，她说，爸爸回来的那天，一定要亲自给爸爸做一大桌好菜！"

电话这头，我差点哭了。

"宝宝，你想爸爸吗？"

"没有，妈妈想你了……"

爱人接过电话："这丫头啊，天天念叨着爸爸什么时候回来。"

这……

其实，远在家乡的老爸老妈也一样，一天不通话，他们都会对我牵肠挂肚。

还有比亲情更能给人力量的吗？

是啊，亲人在，你还要苛求怎样美好的世界？你如何能不坚强？

感谢自己那颗未曾凋零的心，更感谢父母、妻女的血脉亲情。

借此，感谢父母、妻女！

也感谢岁月。

感谢在我成长中给予我关爱和温暖的朋友们,感谢为本书的编辑出版做出极大努力的编辑老师。

梅洪建

2016年8月26日于咸阳

万千教育 基础教育类书目

书号	书名	著、译者	定价(元)
班主任工作理念与方法系列			
2877	班主任工作的60个"鬼点子"	刘坚新 郑学志 编著	52.00
2879	班主任与家长沟通的艺术 ——创建优质家校关系的60个策略	郑学志 著	52.00
2204	做一个会"偷懒"的班主任（第二版）	郑学志 著	48.00
1708	怎样教授道德才有效 ——德育心理学家给教师的建议	杨韶刚 等译	48.00
1709	学生特殊问题发现与应对 ——给普通教师的建议	昝飞 等著	48.00
7316	把班级还给学生 ——班集体建设与管理的创新艺术	郑立平 著	26.00
7344	遭遇问题学生 ——问题学生的教育与转化技巧	万玮 编著	25.00
7317	魅力班会是怎样炼成的	杨兵 著	25.00
8631	家校沟通，没有痛过你不会懂 ——知名班主任梅洪建的心路历程	梅洪建 著	32.00
0539	如何上好班级心理辅导活动课 ——钟志农答疑50问	钟志农 著	42.00
9902	德育主任新方略	丁如许 著	32.00
8611	班主任工作中的心理效应	刘儒德 主编	35.00
1135	班主任有效沟通的艺术与技巧	李进成 著	36.00

0541	班主任如何破解德育低效难题	赵 坡 著	35.00
9135	班主任，青春万岁——王君带班之道	王 君 著	34.00
8770	班主任如何带好差班	赵 坡 著	30.00
8309	扶年轻班主任上马	王 莉 著	38.00
7926	教师必须掌握的教育惩戒艺术	郑立平 等 著	28.00
7928	做一个聪明的班主任 ——对常见七类学生的教育艺术	郑立平 等 著	28.00
班主任工作理念与方法系列合计			**694.00**
中学/中职班主任专业技能系列			
0938	好班是怎样炼成的 ——中学班主任班级建设之道	谢 云 主编	38.00
9882	初中主题班会设计技巧与优秀案例	郑学志 主编	34.00
9056	高中主题班会设计技巧与优秀案例	郑学志 主编	32.00
9557	打造高中卓越班级的42个策略	覃丽兰 著	38.00
9990	打造中职卓越班级的41个策略	李 迪 著	32.00
9905	中职主题班会设计技巧与优秀案例	李 迪 著	35.00
9604	中学德育问题与对策	李 季 贾高见 著	35.00
8463	中学班主任的70个临场应变技巧	刘令军 等 著	34.00
中学/中职班主任专业技能系列合计			**278.00**
教育理念与实践系列			
4098	STEAM教学指南 ——用现实世界的问题吸引学生	邵卓越 等 译 刘 徽 审校	46.00

3371	教师情商修炼之道	杨敏毅 等 著	52.00
2754	教师怎样说话才有效（第2版）	李进成 著	58.00
8771	教师怎样说话才有效	李进成 著	32.00
2597	教师怎样说理才有效	李进成 著	52.00
1566	教导主任工作问题案例集	黄银美 主编	42.00
1139	如何当好教研组长 ——中小学教研组长专业素养与行动	杨向谊 著	36.00
1471	闪闪发光的故事：童书阅读与欣赏	周益民 著	32.00
0801	故事、儿童和作家的秘密——走近儿童阅读	周益民 著	32.00
0163	童年爱上一本书——教师、父母如何伴读	周益民 著	28.00
1564	教育：一场惊人的旅行	史金霞 著	62.00
8557	王晓春给青年教师的100条建议	王晓春 著	28.00
0734	怎样评价学生才有效 ——促进学习的多元化评价策略	陶志琼 译	48.00
0540	从生活中悟教育智慧——教育隐喻启示录	严育洪 著	36.00
0035	重构教师思维——教师应知的28条职业常识	刘 祥 著	32.00
9137	跟禅师学做教师	谢 云 著	28.00
8952	教育管理学：理论与实践（新版）	朱志勇 等 译	88.00
7615	零距离美国课堂	王 文 著	28.00
8604	一位青年教师的专业成长之路 ——王君专业求索笔记	王 君 著	32.00
8271	让教师偷着乐——校园幽默笑话396则	唐劲松 主编	18.00

5655	从教第一年——新教师职场攻略	赵丽 等 译	45.00
5088	培养中小学生的创造性——理论与实践	胡清芬 等 译	16.00
7704	心与心的约会——孙明霞的生命化课堂	孙明霞 著	28.00
教育理念与实践系列合计			899.00

心理健康教育课程设计系列			
0059	中学生心理课——生涯发展	廖丽娟 等 编著	28.00
0060	中学生心理课——情绪管理	杨红梅 等 编著	32.00
0185	中学生心理课——综合篇	中学生心理课综合篇教研组	52.00
8446	中小学生自伤问题——识别、评估和治疗	唐苏勤 等 译	25.00
5834	心理健康教育课程设计	吴增强 蒋薇美 著	32.00
心理健康教育课程设计系列合计			169.00

教学理论与策略			
1790	优质提问教学法——让每个学生都参与学习（第二版）	盛群力 等 译	48.00
1750	激发中学生脑的力量——适于脑的8种教学策略	吁思敏 卢小蕾 译	38.00
1594	设计与编写教学目标（第八版）	盛群力 等 译	42.00
0226	多元智能教与学的策略（第三版）	霍力岩 等 译	60.00
0150	教师怎样提问才有效——课堂提问的艺术	宋玲 译	45.00

……
欲了解更多图书信息，请登录：www.wqedu.com
联系地址：北京市西城区三里河路6号院2号楼213室　万千教育
咨询电话：010-65181109，65262933

*本目录定价如有错误或变动，以实际出书为准。